身になる練習法
バドミントン
上達システム

著 **髙瀬秀雄** 西武台千葉中・高バドミントン部監督

INTRODUCTION
はじめに

　バドミントンがオリンピック競技として注目を集め、指導者や競技者の間で「オリンピックを目指せ！」という声が高まっています。そんな中で中学生や高校生を指導する現場から「今は子どものころからバドミントンをやっていなければ強くなれない」「初心者には無理」などという声も聞こえてきます。一方では「彼は中学生から始めたいわば『初心者』なんですよ。強くないですか？」「高校生から始めた選手の中では、伸び率から言っても彼女が一番だと思いますよ」といった話もしばしば耳にします。まるで「いつ始めるか、いつ始めたか」という事実が前提となっているようにさえ感じます。そこには選手の試合とは別に、互いに練習環境や背景を競い合うような構図が見られます。

　私は学校で英語の授業を受け持っています。昨今、「グローバル化」という旗のもとに「子どものころから英語を学ばせよう」とか「文法学習や訳読は意味がない」という声が高まる一方、残念ながら「中高生の英語能力の低下」や「英語嫌い」が増えているのも事実です。これら二つの話題は、どこか同じような構図になっているような気がしてなりません。

　英語教育でいえば、日本では開国以来、模索しながらも綿々と外国語の習得に関する「日本人に適した学習法」をある程度確立してきました。バドミントンに関しても同様で、学校での部活動などを中心に日本人に適した指導法が磨かれ、安定的な選手育成システムを作り上げつつあったように思います。

　私自身は「いつ始めるか」ではなく「どのように始めるか」が大切だと思っています。「どんな困難を克服してきたか」という経験を重要視して指導することが最も成長の糧になると確信しています。「勝つバドミントン」を目指せば苦しいことばかりで、その上、負けてばかり。そこから「楽しくわかるバドミントン」を目指し、忘れたころに「勝てていた」。自分自身の指導キャリアを振り返ると、そんなことも何度となく繰り返しました。選手はもちろん指導者も毎日が初めての経験ばかり。成長のために学び続け、努力を重ねる必要があります。それが思いもよらぬ「花」となる選手を生み出すのだと思います。

　大切なのは、選手も指導者も互いに「どのようにバドミントンに取り組むか」。選手一人ひとりの資質も、練習環境なども大きく異なり、だれにとっても適した練習方法としてひとくくりにできるようなものはありませんが、これまでに部活動などで培ってきた指導方法のエッセンスをここにまとめてみました。

　どのように指導するべきか──。それを見つけるきっかけや参考資料として本書をお役立ていただければ幸いです。

髙瀬秀雄

CONTENTS 目次

- 2 ── はじめに
- 8 ── 本書の使い方

第1章 打つ

- 10 ── ラケットを持つ・握る

オーバーヘッドストローク
- 12 ── Menu001　棒を振る
- 14 ── Menu002　素振り
- 15 ── Menu003　足を使っての素振り
- 16 ── Menu004　旗打ち
- 18 ── Menu005　セルフノック①座って打つ
- ── Menu006　セルフノック②立って打つ
- 19 ── Menu007　セルフノック③足を使って打つ
- 20 ── Menu008　手投げノック①真下にたたきつける
- 21 ── Menu009　手投げノック②遠くに飛ばす
- ── Menu010　手投げノック③ターゲットをねらう

バックハンドストローク
- 23 ── Menu011　バックハンドサービス
- 24 ── Menu012　セルフノック（拾い打ち）
- 25 ── Menu013　旗打ち
- 26 ── Menu014　手投げノック

サイドアームストローク
- 29 ── Menu015　足を使った素振り
- 30 ── Menu016　8の字素振り
- 31 ── Menu017　旗打ち
- 32 ── Menu018　手投げノック

アンダーハンドストローク
- 34 ── Menu019　足を使った素振り
- 35 ── Menu020　ロングサービスを打つ
- 36 ── Menu021　手投げノック

ネット付近のショット
- 38 ── Menu022　手投げノック／たたき
- 39 ── Menu023　手投げノック／切り落とし
- 40 ── Menu024　手投げノック／スピン
- 41 ── Menu025　手投げノック／リフト
- 42 ── Menu026　手投げノック／逃げクロス
- 43 ── Menu027　手投げノック／アタッキングロブ

第2章 動く

チャイニーズステップ
- 51 ── Menu028　両足開閉
- 52 ── Menu030　横踏み出し
- 53 ── Menu032　ピボット
- 51 ── Menu029　前後両足ジャンプ
- 52 ── Menu031　前後入れ替え
- 53 ── Menu033　足寄せ

ジャパニーズステップ
- 54 ── Menu034　前後入れ替え

55	Menu035	クロスステップ		
56	Menu036	ヒザの内まわし	Menu037	ヒザの外まわし
57	Menu038	足の振り上げ	Menu039	すり足
		ダブルステップ		
58	Menu040	反復横跳び	Menu041	ピボット
59	Menu042	クロスステップ	Menu043	すり足強化

フォア前へのステップ

61	Menu044	継ぎ足	Menu045	クロスオーバー
	Menu046	クロスビハインド		

バック前へのステップ

62	Menu047	1歩ピボット	Menu048	2歩
63	Menu049	入れ替え継ぎ足	Menu050	ピボット＆ジャンプ

フォア奥へのステップ

64	Menu051	跳びつき	Menu052	足の入れ替え
65	Menu053	足踏み入れ替え	Menu054	クロスビハインド

バック奥へのステップ

66	Menu055	跳びつき	Menu056	ピボット＋足の入れ替え
	Menu057	バンザイ		

フットワーク

67	Menu058	イメージ（1歩）	Menu059	イメージ（全面フリー）
68	Menu060	指示（2拍子）	Menu061	指示（スルー）
69	Menu062	指示（バリエーション）		
70	Menu063	トレーニング		

第3章 動きながら打つ

74	Menu064	フォア前の基礎ノック
76	Menu065	バック前の基礎ノック
78	Menu066	フォア奥の基礎ノック
80	Menu067	バック奥の基礎ノック
83	Menu068	場面ノック／スマッシュ＆ストレートダッシュ＆ネットでたたく
84	Menu069	場面ノック／スマッシュ＆ストレートダッシュ＆切り落としヘアピン
85	Menu070	場面ノック／スマッシュ＆クロスダッシュ＆スピンヘアピン
86	Menu071	場面ノック／プッシュ＆スマッシュ（ダブルス）
87	Menu072	場面ノック／ドライブ＆スマッシュ（ダブルス）
88	Menu073	場面ノック／スマッシュ＆スマッシュ（ダブルス）
90	Menu074	役割ノック／アタッキングロブ＆スマッシュ（シングルス）
91	Menu075	役割ノック／クリアー＆スマッシュ（シングルス）
92	Menu076	役割ノック／カット＆スマッシュ（シングルス）
93	Menu077	役割ノック／スマッシュ＆スマッシュ（シングルス）
95	Menu078	つなぎ練習／1点返し（ゆるく・ゆっくり）
96	Menu079	つなぎ練習／1点返し（強く・速く）
97	Menu080	つなぎ練習／1点返し（ゆるく・大きく）

第4章 ダブルス

103	Menu081	手投げノック（甘い球・生きた球）
104	Menu082	手投げノック（動いてたたく）
105	Menu083	前衛ノック（連続して打つ）
106	Menu084	ノック（ランダムに打つ）
108	Menu085	A→Aノック

109	Menu086	A→Bノック
110	Menu087	A↔Bローテーション
113	Menu088	1点ノック
114	Menu089	2点ノック（素振り＆スマッシュ）
115	Menu090	2点ノック（スマッシュ＆スマッシュ）
116	Menu091	連続スマッシュ
118	Menu092	プッシュ＆レシーブ
119	Menu093	ネット前でのスマッシュ＆レシーブ
120	Menu094	ロングレシーブ＆ドライブのパターン練習
121	Menu095	レシーブの切り返しパターン練習
122	Menu096	レシーブのパターン練習
124	Menu097	半面ダブルスオールロング
125	Menu098	2対2の攻守（コースを突く）
126	Menu099	2対2の攻守（力で押す）
128	Menu100	つなぎ練習（小回し）
130	Menu101	つなぎ練習（ドライブ回し）
131	Menu102	つなぎ練習（クイック回し）
132	Menu103	4球目ノック
133	Menu104	ロングハイサービスからの2対2
	Menu105	チャンスボールからの2対2
134	Menu106	2対2ゆるフリー
135	Menu107	2対3本気フリー
136	Menu108	跳びつき
137	Menu109	指示フットワーク
138	Menu110	シャドーフットワーク

第5章 シングルス

142	Menu111	1点・1球種のつなぎ練習		
143	Menu112	1点・多球種のつなぎ練習		
144	Menu113	多点・1球種のつなぎ練習	Menu114	多点・多球種のつなぎ練習
145	Menu115	基本形のスマッシュ交互		
146	Menu116	スマッシュ交互＋クリアー		
	Menu117	スマッシュ交互＋クリアー＋ヘアピン		
147	Menu118	基本のクリアーの打ち合いからの展開1		
	Menu119	基本のクリアーの打ち合いからの展開2		
148	Menu120	ドロップ・カットの返球1	Menu121	ドロップ・カットの返球2
149	Menu122	オールショートからのたたき		
150	Menu123	1対2の攻撃練習		

第6章 ゲーム

152	Menu124	後方への追い込み
154	Menu125	前方への追い込み
155	Menu126	追加ノックでの追い込み

終章 練習計画とメニューの組み方

162	年間練習計画	164	月間練習計画　1日の練習計画
166	練習メニュー作成の心得	168	練習メニュー組み方の例

174	おわりに

Try&Try Againのみなさんへ

　初めてラケットを握りバドミントンの世界に足を踏み入れたビギナーのみなさん、さらに一度はバドミントンをやったのだけれどもう一度やり直そうと考えているみなさん、この本はみなさんに向けてページを構成しています。

　どのページでも構いません。まずはTryして（挑んで）ください。できたらOK、できなければその前に戻ったり、考えたりしてみてください。しかし、一番手っ取り早いのは「周囲の人に聞くこと」「教わること」です。一匹おおかみで、孤独を貫くのもいいでしょうが、ワイワイやりながら教え合い、課題や問題を共有し体で覚えるのもいいものです。

　バドミントンをすることが苦しみになっていませんか？　バドミントンをすることは幸せなのです。バドミントン的な「幸せ」の3つの要素は「もっとバドミントンを知りたい」「もっとバドミントンがやりたい」「仲間と一緒にバドミントンを楽しみたい」と感じることだと思っています。

　ぜひ、仲間と話しながら、笑いながら、励まして、支え合って「幸せ」を感じてください。

指導者のみなさんへ

　英語の単語を覚えたり、歴史の年号を覚えたりする勉強のように「知る」ことを目標にする「学び」とは違い、バドミントンのようなスポーツの「学び」は「できる」を大前提にしています。つまり知っていてもできなければ意味がありません。勉強とスポーツの「学び」はゴールが違うのです。

例えば、子どもが自転車に乗れるまでを想像してみてください。たいてい放っておけば乗れるようになりますが、残念ながらそうでない子もいます。やがて親は自分の経験や他者の乗り方をイメージしながらなんらかの対処をするでしょう。後ろをおさえてあげる、補助輪をつけてあげるなどさまざまありますが、「言葉によるアドバイス」はどうでしょうか。「重心を外側に持っていき、上体を斜めに……」など詳しい科学的な表現ではなく、「ほらそこでグッと漕いで！」などの『技ことば』や、「いいよ、いいよ」「そう、そう」などのそれ自体ではあまり意味がなくとも子どもには伝わる言葉をかけるのではないでしょうか。

また、「それはさっき言ったでしょ！」とか「なんで覚えないの？」などと叱りつけても始まりません。やがて疲れ果ててヒザを抱えて座りこむ子どもの隣に黙って一緒にいてあげる、その寄り添いが最もよい指導になるときもあります。なぜなら、あきらめない子どもはトライアゲインを繰り返すからです。

このような話はずっと昔から多くの指導者にとっては当たり前のように語り継がれてきた事柄だと思いますが、私はあえてそれらを代弁させていただくこととします。

指導現場は「仮説」の連続で、それを「実証」したいがゆえにさまざまな取り組みや試行錯誤を繰り返すのではないかと思っています。まさに『初心』の連続なのです。

私はこれらの仮説の実証に次の3つの大切な心構えを持つことにしています。

①よく観察する。
②仮説を立てる
　（練習方法やアプローチの手法を考える）。
③そしてできるまで「付き合う」。

これは本書の中で何度も出てくる大きなテーマになります。

さあ、トライを続けている選手に寄り添い、そしてお互いにエラーを繰り返しながら進み続けましょう。

本書の使い方

本書では、写真や図、アイコンなどを用いて、一つひとつのメニューを具体的に、よりわかりやすく説明しています。写真や"やり方"を見るだけでもすぐに練習を始められますが、この練習はなぜ必要なのか？ どこに注意すればいいのかを理解して取り組むことで、より効果的なトレーニングにすることができます。右利きをモデルにしています。左利きの人は左右を入れ替えて行いましょう。

▶ 習得できる技能が一目瞭然
その練習メニューの対象レベルや行う時間、あるいはそこから習得できる技能が一目でわかります。自分に適したメニューを見つけて練習に取り組んでみましょう。

▶ なぜこの練習が必要か？
この練習がなぜ必要なのか？ 実戦にどう生きてくるのかを解説。また練習を行う際のポイントや注意点を示しています。

バドミントンの代表的なショット

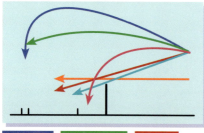

ハイクリアー　ドリブンクリアー　スマッシュ
ドロップ　カット　ドライブ

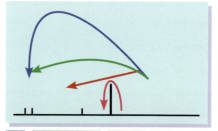

ロブ　アタッキングロブ　プッシュ　ヘアピン

第1章

打つ

バドミントンのシャトルは独特の飛び方をするので
ラケットでうまくとらえて思い通りに飛ばすのはそれほど簡単ではない。
安定してシャトルを飛ばすにはどうラケットを持ち、振るのがいいのか。
バドミントンの打ち方の基本を学んでいこう。

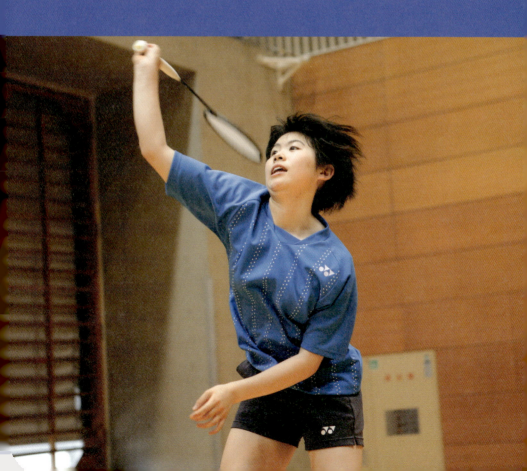

ラケットの持ち方・握り方

ラケットを持つ・握る

「持つ」と「握る」を区別する

ラケットスポーツを行う上でのメインテーマの一つがラケットの「持ち方・握り方」になる。「持つ」と「握る」の区別をしよう。この定義は練習における便宜上のものだが、「持つ」というのは、ラケットのハンドルと手のひらや指などがどのように接しているかということ。一方、「握る」というのはいずれかの「持ち方」の状態で、前腕がニュートラルの状態（右頁の「握り方の例：閉じて握る」）、またはやや回内して手首を甲の側に曲げた状態（右頁の「握り方の例：開いて握る」）の2通りに分類している。

持ち方 *グリップと手、指の接し方				握り方 *一般的に言う腕の動きについて、ここでは「握り方」と解説
開く／閉じる	× 長く／短く	× 厚く(強く)／薄く(弱く)	× 親指で持つ／小指で持つ	開く／閉じる

↓

状況に合わせたラケットの使い方　（例）閉じて長く薄く小指で弱く持って、閉じて打つ

持ち方と握り方の関係

練習現場において「面が開いている」という言葉をしばしば耳にするが、「開いている」状況が「持ち方」なのか「握り方」なのか（またはその両方なのか）を見極めなければならない。また、打つ直前までは開いて握っていた手が一度閉じてから開いて打つように、瞬時に変わっているときもある。スローモーションのようにゆっくりと動きを作り、徐々にスイングのスピードを上げると適切なグリップが身につきやすい。

サムアップはグリップの中でも特殊な使い方

▲バックハンドサービスを打つときのグリップはサムアップする（親指をグリップの平たい面に当てて押し出すように使う）と打ちやすい

なぜ必要？

まずはさまざまな持ち方があることを知ろう

実際にプレーするときには、さまざまな持ち方（握り方）があるが、打法や状況によってこれらを使い分けられるのがベスト。そのためにも、まずは「こういう持ち方がある」ということを知っておくことが大切で、練習を進めていく中で、それぞれの持ち方の必要性を知っていこう。

▼持ち方の例

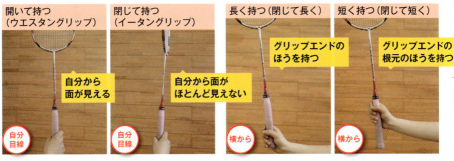

▼握り方の例

 回内とは

前腕を外側から内側にひねる動き。

ワンポイントアドバイス

ストロークを学ぶサイクル

素振り、旗打ち、ノックの順で徐々に、実際シャトルを打つ動きに近づけていくが、例えばノックでつまずいたら再び素振りや旗打ちに戻るといいだろう。こうして少しずつステップアップしながら動きを習得していこう。

オーバーヘッドストローク①素振りでフォームを覚える

オーバーヘッドストローク
ねらい

習得できる技能
▶ 基礎固め
▶ オフェンス力
▶ ディフェンス力
▶ 応用力

ビギナーは面を意識せずに思いきり振ろう

ラケットの持ち方・握り方は、適切なスイングをするために大切。ビギナーはややもすると「羽根を面でとらえる」ことに意識が強まり、最初から開いた握り方をしてしまう「面を意識した持ち方、握り方」になるケースが見受けられる。最初は、面を意識せずに思いきり振ることが大切だ。「肩の回りがよくない」と言ってボールを投げさせるやり方もあるが、このあと紹介する「棒を振る」練習もラケットのスイングに直結したよい練習になる。

Menu 001 棒を振る

回数 10回
対象レベル ビギナー〜トップ

やり方 ラケットに見立てた適切な長さの棒を振る。床を強くたたくイメージで思いきり振る。

Point!
床をたたくイメージで振る

ポイント　振ったときの握りを確認する

棒を振ったときの握りをチェックしよう。「閉じて持つ」と同じような形であれば、オーバーヘッドの適切なグリップになっている。

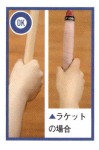
▲ラケットの場合 OK

面を意識して振ると、このような握りになる

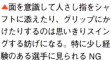
▲面を意識して人さし指をシャフトに添えたり、グリップにかけたりするのは思いきりスイングする妨げになる。特に少し経験のある選手に見られる NG

? なぜ必要?

面を意識しないで動作に集中できる

思いきり振ることは速いスイング、すなわち強い打球につながる。面のない「棒」を振ることによって「握る」「振る」という動作に集中できる。旗などを棒でたたいてみるのもよい。

オーバーヘッドストローク① 素振りでフォームを覚える

体の軸を中心に「円運動」を意識する

大→中→小の順番に円を描くイメージで振る

ラケットを振る動作をする際には、体や腕などを縮めた状態から伸ばしながらラケットを振る。このとき、「体全体を使って打て」というアドバイスを聞くが、単に腕を大きく振ればいいということではない。体の軸がブレてバランスが崩れた状態では力がうまくラケットに伝わらない。ラケットを振るときのポイントは「軸回転運動」。大・中・小の円を意識して、瞬時にかつ、順番に円を描くイメージで振ってみよう。

3つの円運動

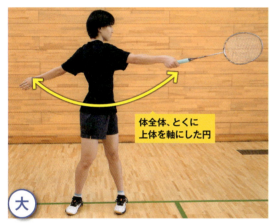

体全体、とくに上体を軸にした円

大

肩からヒジくらいにかけての円

中

手先から先で描く円

小

 ポイント　力を次の動きにつなげる

「3つの円運動」では、生み出した力のロスがないように連続性のある動きを求め、一つひとつの動作にブレーキをかけ「慣性」の力を伝えるイメージを持つ。

指導のポイント！

最初はデフォルメして行う

本来はそれぞれ複雑なつながりやほかの運動も含まれるが、まずはデフォルメしてやってみることが大切。指導現場では時に「デフォルメして伝える」ことも求められる。

オーバーヘッドストローク① 素振りでフォームを覚える
大・中・小の円の動きを伝える

ねらい

Menu **002** 素振り

習得できる技能
▶ 基礎固め
▶ オフェンス力
▶ ディフェンス力
▶ 応用力

回数　10回×数セット
対象レベル　ビギナー〜トップ

やり方

ラケットの持ち方・握り方、面を意識しすぎないで、軸を中心とした円運動を踏まえて、オーバーヘッドストロークの素振りを行う。

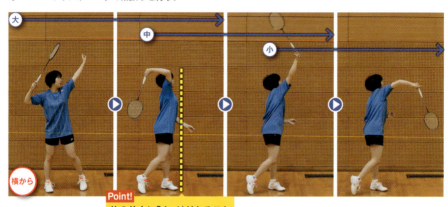

横から

Point!
体の前方に「カベ」があることをイメージすると、大の円の動きにブレーキがかかり、パワーが中→小に伝わりやすくなる

前から

ポイント　大の円の動きを小の円の動きにうまく伝える

3つの円運動については、テークバックからシャトルをとらえにいくあたりまでが「大」中心、そこからヒットに近づくにつれて「中」が中心となり、ヒット前後で「小」が中心となる。また、それぞれの動きにブレーキがかかり、「慣性」の力を伝えるイメージも大切なカギとなる。

オーバーヘッドストローク① 素振りでフォームを覚える

足を使ってラケット面の パワーを生み出す

ねらい

習得できる技能	▶ 基礎固め ▶ オフェンス力 ▶ ディフェンス力 ▶ 応用力
回数	10回×数セット
対象レベル	ビギナー ■■■■□□ トップ

Menu 003 足を使っての素振り

やり方 Menu002と同様に素振りをするが、足の動きを入れて行う。

右足、左足の順にステップを踏み、足を入れ替える

Point! 足の動きとスイングが「一連」の動きになるように意識する

両足を動かさずに振る　　左足を軸に右足を前に出す　　左足と右足を一斉に入れ替える

ワンポイントアドバイス

円運動はさまざまな動きに取り入れられる

一言で「円運動」といっても、両腕で同じように円を描く運動（対称）、反対に動く運動（非対称）などもある。この2つの運動がよりラケットのヘッドスピードを上げ、パワーショットを打つことにつながる。例えば、ラケットを振るときの左手の使い方はそのいい例で、テークバック時には同じ方向に腕を上げ（対称）、そこから非対称の円を描き打つ。姿勢の反射を利用して勢いをつけることで、パワーショットを打つことができる。

さまざまな円運動がある

▼腕全体の円運動

対称　　　　　　非対称

▼ヒジから先の円運動

対称　　　　　　非対称

オーバーヘッドストローク②旗打ちでフォームを覚える

フォーム(型)を安定させて当たる瞬間を調節する

ねらい

Menu **004** 旗打ち

習得できる技能
▶ 基礎固め
▶ オフェンス力
▶ ディフェンス力
▶ 応用力

回数 10回×数セット
対象レベル

やり方
高い位置から布の付いた旗を持ってもらい、素振りと同じ要領でラケットを振り、布部分を打つ。

Point! 旗をしっかりとらえると「バーン」という大きな音がする

旗の位置が低い

▲旗が低いと打点が下がり、横打ちのフォームになる

ポイント
円運動をスムーズに

素振りで意識した**3つの円運動のスムーズな移行**を意識して行う。また、より強く打つために、**足を使って打つことも大切**。旗に当たる音をよくチェックし、旗を持つ人の意識も高めて、お互いにできるように工夫をしよう。

なぜ必要？
「足がエネルギーを生む」を体感する

旗の布部分を強く打つためには、最初に踏み込んで勢いをつけたり、ジャンプをしたり、足を使う必要がある。旗を打つという動作で「足がエネルギーを生む」ということを体で感じることができる。

Level UP!
跳びついて打つ

大きな音を出すことを意識すると、自然に足が使えるようになる。また、旗の高さを上げると跳びついて振ることになり、足でパワーを生むことにつながる。最終的にはジャンピングショットを目指そう。

スイング前に踏み込み反動をつける

反動を使いジャンプ

オーバーヘッドストローク

トッププレーヤーの連続写真に学ぶ

ねらい

足を使って体を宙に浮かし、「落ちる力」をラケットに伝える

トッププレーヤーの素晴らしいところは「足で生み出した力の伝導」。力が抜けた状態から、無駄なくスムーズに羽根をとらえることができる。その瞬間に、最大の力をシャトルに伝えられるのだ。右手と左手、視線、3つの円の連続性などいずれも動きがスムーズだ。真似することから始めよう。

足でエネルギーを生む

数野健太選手

頂点でエネルギーを最大にする

エネルギーをラケットに伝える

オーバーヘッドストローク③ノックでフォームを覚える

それぞれの円運動を意識して打つ

ねらい

Menu 005 セルフノック ①座って打つ

習得できる技能	▶ 基礎固め
	▶ オフェンス力
	▶ ディフェンス力
	▶ 応用力

回数 10回
対象レベル

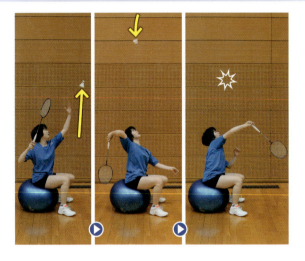

やり方

バランスボールなど（なければ椅子でもOK）に座った状態で、自らシャトルを投げ上げ、それをオーバーヘッドストロークで打つ。

ポイント

テニスのサービスをイメージする

窮屈な体勢でも上手にバランスを保つことと、頭上のほんの少し前方に、余裕を持つくらい上手に羽根を投げ上げることが大切。テニスのサービスをイメージしよう。

Menu 006 セルフノック ②立って打つ

回数 10回×数セット
対象レベル

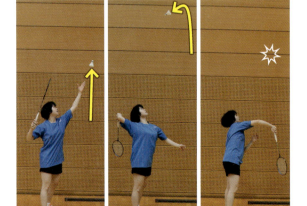

やり方

足は使わないが、柔らかくヒザや腰を動かして勢いをつけて打つ。

ポイント

「中」と「小」の円運動をイメージ

バランスボールで座ってのスイングは「小」の円をイメージして振るが、この場合は「中」と「小」の2つの円運動をイメージする。大きな動きを小さな動きへとスムーズに転換することを意識しよう。

Menu 007 セルフノック ③足を使って打つ

回数	10回×数セット
対象レベル	ビギナー～トップ

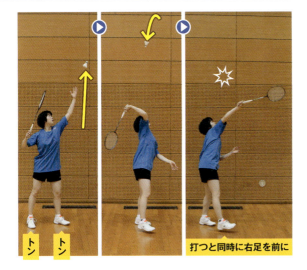

打つと同時に右足を前に

やり方
右足を後ろに引いた状態で羽根を投げ上げ、右足を前方に出しながら強く羽根を打つ。

NG 前方に上げてバランスを崩す

▲羽根を上げる位置が悪いと適切な打点で打ててないので、真上にシャトルを上げられるように練習しよう

Level UP!　「トントン」と足踏みをして打つ

左、右の順で「トントン」と足踏みした後に打ってみよう。だんだんそれを速くして最終的には両足で「垂直跳び」のような状態で打てるように。バレーボールのスパイクをイメージしてみよう。

❓ なぜ必要？「セルフノック」

1人でもできる練習の代表例

「足が生み出すパワー」を体感し、強力なオーバーヘッドストロークが打ちこなせるようになるために必要。また、左手でシャトルを投げ出すことによってオーバーヘッドストロークにおける"左手"の使い方にもつながる。さらに「1人でもできる」練習の代表例である。

OK 左手を使えている

NG 左手を使えていない

指導のポイント！

声でリズムを作ってあげて選手をフォローする

特に下半身（足ともも）、上半身（腕やラケット）のタイミング（リズム）を合わせるのが難しい。

そんなときは指導者が「タンタン！」などと声でリズムを作ってあげよう。

オーバーヘッドストローク③ノックでフォームを覚える

的確にシャトルをとらえ、強く打つ

ねらい

習得できる技能
- 基礎固め
- オフェンス力
- ディフェンス力
- 応用力

回数 10回×数セット

対象レベル ビギナー〜トップ

Menu 008 手投げノック ①真下にたたきつける

Point!
真下にたたきつける

やり方

ストロークをマスターする最終段階として実際にシャトルを打つ。近距離の手投げノックで、まずはシャトルを真下にたたきつける。

ポイント

まずはシャトルをしっかりとらえ、中→小の円へパワーを移行する

しっかりシャトルをとらえること、中くらいの円から小さい円へパワーを移行させることを意識する。

なぜ必要？

遠慮なく強く打つことを覚える

手投げノックは、正しいフォームで「当てる」ことを意識させる効果がある。まずは遠慮なく強く打つことを覚えるために、真下にシャトルをたたきつけるように打つ。

指導のポイント①

ビギナーは卓球ラケットから

なかなかシャトルに当てることができない場合は、シャフトのない卓球ラケットでやってみよう。自分の手に近い感覚で打てるので、ビギナーにおすすめ。

指導のポイント②

ノッカーの声がけが効果的

ノックでは最初は、「選手のラケットに当ててあげる」つもりでシャトルを出すといいだろう。また、打つタイミングを覚えさせるためには「声がけ」も効果的。打つタイミングで「ハイ！」と言ったり、うまくヒットできたら「OK!」などと声をかけ、フィーダーから積極的にコミュニケーションを取ろう。

Menu 009 手投げノック ②遠くに飛ばす

回数 10回×数セット
対象レベル ビギナー〜トップ

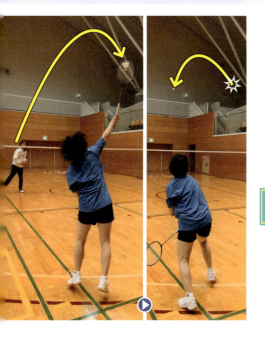

やり方
手投げノックで高く大きく出されたシャトルを、選手はクリアーを打つ要領で、できるだけ遠くに飛ばす。

ポイント
大→中→小の円運動を意識する
円運動のパワーの移行を意識しながら、前方（斜め上）へ向かって打とう。写真ではより強く打つことを意識させるために壁をめがけて打っている。

なぜ必要？
遠くに飛ばすショットを覚える
追い込まれたときなど、クリアーでは遠くに大きくシャトルを返すことが必要になる。そのためにもより強く遠くに飛ばす練習をする。

Menu 010 手投げノック ③ターゲットをねらう

回数 10回×数セット
対象レベル ビギナー〜トップ

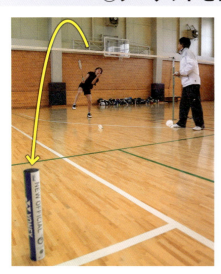

やり方
対面するコートに目標としてシャトルの筒などを置き、ターゲットに向かって打つ。

なぜ必要？
ターゲットをねらうことで体の動かし方を覚える
ターゲットの場所によって体の動かし方を意識させることが可能。写真では、上腕の回内動作を意識させるために、相手コートの左にターゲットを設置している。さらにコントロールを向上させるためには、徐々にターゲットを遠くに設置する。

オーバーヘッドストローク編

髙瀬秀雄の Try Again

　オーバーヘッドストロークはバドミントンで最も活用されるストロークです。ですから、このショットをいかにうまく打てるかは、ラリーやゲームに大きな影響を与えます。動作としては、単にラケットを動かすという単純な動きではなく、持ち方、握り方、視線や姿勢、ラケットを持たないほうの腕の動きや、下半身と上半身によるパワーの伝導などさまざまなバランスに目を配らなければなりません。

✗ 起こりやすいミス！

肩が上がらない&押し出すように打つ

ケース1

左手がうまく使えない

ケース2-A

ケース2-B

　ビギナーに限らず、練習を積んだ経験者でもフォアサイドの打点は下がりやすい。素振りではうまく「円運動」ができていたとしても、実際にシャトルを打つときにはラケットを押し出すような直線運動になる場合も多い。

　ラケットを持つ腕をうまく振るためには左手の動きも重要。左手の動きがぎこちなくなったり、縮こまってしまったり、力んでしまって反らせたり、まったく使えていなかったりというケースも多い。

○ 改善方法！

高めにシャトルを上げて打つ

　高く上がったシャトルを打つときには、動作がゆっくりとなり、一つひとつの動作を確認することができる。また、高いシャトルに対して距離感をはかろうとするため、左手もうまく使うことにつながるので、フィーダーはまずは高いシャトルを上げて、打たせるようにする。そして「よい」と判断したときは、その場ですぐに「よい」という評価を選手に伝える。さらに指導者は、「イチッ、ニッ、サン！」のように声をかけてタイミングを取りやすいように工夫しよう。

バックハンドストローク①小さく打ってフォームを覚える

バックハンドストローク

習得できる技能: ▶ 基礎固め　▶ オフェンス力　▶ ディフェンス力　▶ 応用力

習得しづらいショットなので、意図的に練習する機会を作ろう

バックハンドの動き（手の甲を相手に向けるような動作）は日常生活には少ないため、意図的に練習する機会を作らないと習得しづらい。初期段階では

バックハンドとフォアハンドの練習の比率は、「倍くらい」の割合でバックハンドに時間をかけるように取り組もう。

Menu 011　バックハンドサービス

回数 10回×数セット
対象レベル

やり方　ショートサービスを打つ。

ポイント　親指の添え方

バックハンドでのラケットの持ち方は、グリップの広い面、角の上、それらを親指で斜めにあてがうのがポイント。

なぜ必要？

シャトルに当てやすい

バックハンドのショートサービスはラケット面がシャトルコックに近いため空振りが少なく、実戦を想定してマスターしたいショット。

指導のポイント！

上級生のフォームの真似をさせる

人数が多い場合など、上級生を列の前のほうに配置し、後方の下級生やビギナーなどには「真似をして打ってみる」ことを意識させよう。これで自然にシャトルをラケットに当てる感覚がつかめる。ビギナーのフォームなどを上級者に近づける場合に有効な練習スタイル。

バックハンドストローク①小さく打ってフォームを覚える

バックハンドの苦手意識をなくす

ねらい

Menu **012** セルフノック（拾い打ち）

習得できる技能	▶ 基礎固め
	▶ オフェンス力
	▶ ディフェンス力
	▶ 応用力

回数	10回×数セット
対象レベル	ビギナー ─ トップ

やり方 ▶ 床に落ちているシャトルをラケットや手で拾い上げ、ターゲットに向けてバックハンドで打つ。

ポイント 握り方が変わる

ラケットで拾うときとバックハンドで打つときの持ち方、握り方が変わる。それを意識しながら安定するまで続けよう。

拾うとき ─ 閉じて薄く持つ

打つとき ─ 閉じて親指を使って厚く持つ

？ なぜ必要？

打球数を稼ぐ練習

バックハンドの習得は時間がかかる。より一層の打球数を稼ぐために、1人で空き時間などを有効に使う練習でもある。

Level UP! いろいろな場所で打つ

慣れてきたら、いろいろな場所でターゲットを決めてねらって打ち、コントロールを磨こう。コートが使えるならば、相手コートのターゲットをねらって打ち合うゲーム感覚で練習できる。また、同じ数のシャトルを打ち終わる早さを競っても面白いだろう。

Point!
角度をつけて打つのは難易度が上がるが、手首とラケット面の角度を工夫して打つ

バックハンドストローク② 旗打ちでフォームを覚える

バックハンドを力強く打つ

習得できる技能
- ▶ 基礎固め
- ▶ オフェンス力
- ▶ ディフェンス力
- ▶ 応用力

回数 10回×数セット
対象レベル ビギナー〜トップ

Menu 013 旗打ち

やり方 オーバーヘッドのときと同様、旗の布部分をバックハンドのスイングで打つ。

Point! 直角をキープして打つ

ポイント
「バーン」と大きな音を

しっかりヒットできているかの目安は、旗を打ったときの弾けるような「バーン」という大きな音。この音がでるように、タイミングよく打てるようにしよう。ラケットと前腕が作る角度を「直角」に近いイメージで回外させるとうまくいく。

なぜ必要？
手の甲を使うイメージに慣れる

日常の逆動作だが、手の甲を使うようなイメージに慣れるためにも大変有効。男子などには「拳法の裏拳」というとイメージがつきやすいかもしれない。風船を手の甲だけを使って打ち合うのもよい練習になる。

Level UP!
旗の高さを変える

同じ旗打ちでも高さを変えることによって練習のバリエーションが増える。最初は低い位置でアンダーアーム、次にサイドアーム、最後にハイバックまでイメージしながら高さを変えて練習しよう。

バックハンドストローク③ ノックでフォームを覚える
バックハンドのコントロールをつける（ねらい）

Menu 014 手投げノック

習得できる技能
▶ 基礎固め
▶ オフェンス力
▶ ディフェンス力
▶ 応用力

回数　10回×数セット
対象レベル　ビギナー〜トップ

やり方
フィーダーがゆるく小さく下手で投げ、それをバックハンドでクロスサイドへ打つ。次第に遠くへ、そしてターゲットをねらう練習まで進める。

ポイント
うまく打てないときは低い打点から始める

フォアハンドの逆動作だが、最初はなかなかうまく打てないだろう。その場合、ロビングを打つように低い打点から少しずつ高く上げて、根気強く打ち続けることがポイント。

なぜ必要？
フォアハンドと同じくらい打てるように

バックハンドの握り方、ラケットの使い方ができるようになったら、ノックでハイバックを打つ練習をしてみよう。フォアハンドと同じように強く打つことが理想。フォアハンドでも打ってみて、フォアハンドと同じように打てているか比べてみるのもいいだろう。

Level UP!
徐々に後方からも打てるように

正しい打点で打てるように、最初はネット付近から打ち始め、徐々にバック奥からハイバックで打てるように。

ネット付近

バック奥

バックハンドストローク

トッププレーヤーの連続写真に学ぶ

ハイレベルなハイバックのポイントは体の向き、ヒジの高さ、ラケットと腕の角度

ビギナーにとってバックハンドストロークは難しい技術だが、その中でもハイバックストロークは特に身につけるまで苦労する。一方、トッププレーヤーはまるでフォアハンドのオーバーヘッドストロークのように力強く正確にハイバックを使いこなす。写真を見て、体の向き、ヒジの高さ、ラケットと腕の角度などを細かく観察してトライしてみよう。

ビクター・アクセルセン選手

バックハンドストローク編

高瀬秀雄の **Try Again**

　単純に考えればコートの左半分がバックハンドのエリアなので、その意味ではフォアハンドとバックハンドの使用頻度は1対1と考えられます。バックハンドが苦手な場合、当然、相手からの格好のターゲットとなってしまう。まずはバックハンドの苦手意識を払しょくできるように練習を重ねましょう。次第にバックハンドのほうが打ちやすくなり、コントロールも定まってきます。いろいろな持ち方、握り方を試してみながら数多く練習しましょう。

❌ 起こりやすいミス!

「大」の円運動だけでスイング

ケース1

腕が伸びきって大振りになり、その割にショットには力強さがでていないのは、スイング動作が「大」の円運動だけになってしまっているから。

グリップ面に親指をぴったり付けている

ケース2

グリップの広い面に沿うように親指をぴったり付けて押し出すように打ってしまうと、ラケットヘッドが落ちて特にクロスサイドへは打てなくなる。

⭕ 改善方法!

真横からのノックで腕と手、指の動きを確認しよう

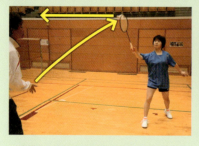

　真横から上げられたノック球に対して、リストの角度を直角に近づけて(前腕とラケットの作る角度)、ラケットヘッドを上に上げた状態を作り、そこからヒジを固定するように前腕を軸にラケットを回転させ(回外)ドライブのように打つ。このとき、親指の腹ではなく側面を使ってグリップの広い面だけでなく狭い面や角などを使って、ラケットを回す。小指を握るようにして「テコの力」を使う要領で、「中」の円と「小」の円をイメージしながら腕と手を使う。

サイドアームストローク①素振りでフォームを覚える

サイドアームストローク

習得できる技能
▶ 基礎固め
▶ オフェンス力
▶ ディフェンス力
▶ 応用力

ドライブショットを打つときに必要となる

オーバーヘッドストロークで打てない高さのシャトルを打つときには、サイドアームストロークで打つ。ドライブショットを打つ場合に必要となる。野球やドッジボールなどの「サイドスロー」に近い体の使い方をする。強打できることからオーバーヘッドストロークと同様にパワーショットの基礎として使えるストローク。大の円の遠心力も使うようにしよう。

Menu 015 足を使った素振り

回数 10回×数セット
対象レベル ビギナー〜トップ

やり方 フォア方向、バック方向に足をしっかりと踏み込んで体重移動をさせながら素振りする。

Point! しっかり踏み込んで打つ / フォア

バック / Point! しっかり踏み込んで打つ

? なぜ必要？

ダブルスでは頻繁に使われる動作

最初はフォア側の1歩を踏み込んで、次はバック側に1歩を踏み込む（ピボット＝片足を軸にして体を回転させる）。徐々に少し遠い羽根をイメージして2歩でさらに右、左を繰り返せるようにする。

サイドアームストローク①素振りでフォームを覚える

ラギングバックを使ってパワフルなショットを打つ

ねらい

Menu 016　8の字素振り

習得できる技能	▶ 基礎固め ▶ オフェンス力 ▶ ディフェンス力 ▶ 応用力
回数	10回
対象レベル	ビギナー ─ トップ

やり方　自分の前に横向きの「8の字」を描くイメージでラケットを振る。

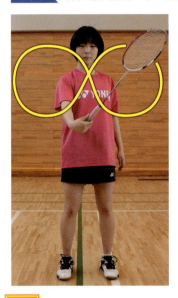

ポイント　各ショットをイメージする

ラケットを回すときはバックハンドやフォアハンドで打つイメージをもつ。下から上に回すときはアンダーハンドで打ち上げるように、上から下に回すときはフォアまたはバックを使って「たたきつける」イメージで振る。いずれも「小」の円運動を使う。

？なぜ必要？

ラギングバックを習得する

サイドアームストロークでは、打つ方向とは逆側に一度ラケットを引く動作が必要になる。これは「ラギングバック」と言われるが、この動きを習得するためにラケットを「8の字」に動かす動作は効果的。

ワンポイントアドバイス

ラギングバックとは？

「タメ」という言葉で表現することもできるが、打つ方向とは逆にラケットを引く動作のこと。ムチを打つときに、よりしならせるための動作、というイメージしやすいだろう。このとき、ヒジから先の動きだけでは遠くに飛ばないので、腕、ヒジ、手首を連動させてラギングバック（写真①②）を使い、打つようにする。

ラケット先端を打球方向に向けながらラケットを後ろに引く

サイドアームストローク②旗打ちでフォームを覚える

サイドへの安定した動きでドライブを打つ

ねらい

Menu **017** 旗打ち

習得できる技能	▶ 基礎固め ▶ オフェンス力 ▶ ディフェンス力 ▶ 応用力
回数	10回×数セット
対象レベル	ビギナー ■■□□□ トップ

打つ / 動く / 動きながら打つ / ダブルス / シングルス / ゲーム / 練習計画とメニューの組み方

やり方 斜め前に旗を持ってもらい、選手は旗の布部分を打つ。

フォア / バック

ポイント
横への動きを止めて打つ

横への動きを止めてから打つ、これを繰り返す。足元が不安定な場合はゆっくりやる。また、旗を持っている選手や周囲の人が声をかけて、リズミカルに行うとやりやすくなる。

？なぜ必要？
ドライブはダブルスで多用される

特にダブルスではコートのサイドから安定したドライブが要求される。自信をもってネットぎりぎりのドライブを打ちたい。

Level UP！
旗の位置を変える

同じサイドアームでもさまざまな打点に対応しなくてはならない。どの高さに対しても同じ動作で打てるようにしよう。

旗を上げる / 旗を下げる

後ろに動く / 前に動く

サイドアームストローク③ ノックでフォームを覚える

フォーム（型）を安定させて さらに強く打ち込む

ねらい

習得できる技能
▶ 基礎固め
▶ オフェンス力
▶ ディフェンス力
▶ 応用力

回数 10回×数セット
対象レベル ビギナー／トップ

Menu **018** 手投げノック

やり方　手投げノックで、サイドアームストロークを繰り返し打つ。

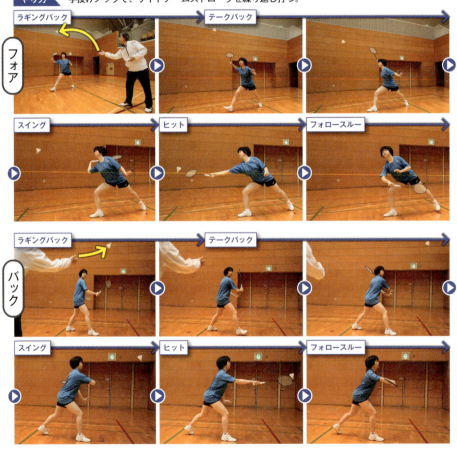

みんなで声をかけ合って、フィーダーや周囲の人にシャトルが当たらないように気をつけよう

ポイント　力の連動を意識する

ラギングバックを意識して力をため、体の軸を中心とした「大」の円でしっかり回転しながら右足でよく踏み込み、最後に前腕を小さく強く回すように打つ。力の連動がうまくかみ合うと、より大きな力が発揮でき、遠くまで勢いのある球が打てるようになる。オーバーヘッドストロークと交互に打つと強力なストロークを生み出す。

サイドアームストローク編

高瀬秀雄の
Try Again

　ダブルスでサイドアームストロークを打つ状況が多いことはお話しましたが、横に振られてバランスが崩れることからミスにつながるケースが多いようです。また、ジュニアではシングルスでも同様な状況でバランスを崩すこともあります。まずは横への動きを安定させることが大切です。横や斜めに動いてバランスを崩し転んでしまう選手などは、たいてい手ばかりに集中してしまい、足が後から、意識もおろそかになっている場合が多いようです。

✗ 起こりやすいミス!

足が追いついていない状態でスイング

　シャトルを打つ気持ちが強いと、足が追いついていないまま打ってしまうケースも見られるが、この状態でスイングをしてしまうと重心が外側に外れ、バランスを崩してしまう。
　ストロークを打つ際には足、手の順番で動くことが基本。右足を着地した安定した姿勢でスイングする。指導者はバランスを崩す原因をよく観察する。

○ 改善方法!

先に足を踏み出した状態を作ってシャトルを打つ

　まずは右足（バックハンドの場合は左足）を大きくサイドに踏み出した状態を作って、そこにシャトルを出してもらい、返球する練習をする。この状態で打てるようになったら、動きを入れても同様に足を踏み出して打てるようにする。さらに打てるようになったならば、遠くへ、そして左右交互に動きながら打ってみよう。

アンダーハンドストローク①素振りでフォームを覚える

アンダーハンドストローク

習得できる技能
▶ 基礎固め
▶ オフェンス力
▶ ディフェンス力
▶ 応用力

フォア側もバック側も足を使って打つ

アンダーハンドストロークは、主に腰から下の球を打つときのストローク。フォア側、バック側どちらも最初から足を使って打つことを意識しよう。アンダーハンドストロークはリカバリーショットとして必要なストローク。安定させて打ちたい。

Menu 019 足を使った素振り

回数 **10回×数セット**
対象レベル ビギナー／トップ

やり方 フォア側、バック側に踏み込み、体重移動しながら素振りを行う。

フォア

バック

ポイント
徐々に歩幅を広げていく

最初は小さく足を出して、徐々に歩幅を広げていく。ヒザより下の苦しいショットを打つ場面を想定して行う。

なぜ必要？
一連の動きをリズムで覚える

前方に落とされたシャトルを相手後方へリカバリーショットするためにも、「全力ダッシュ&ストップ&ショット」の組み合わせを「リズム」で覚える。必ず「足を使ってからスイング」するようにしよう。

アンダーハンドストローク②打ってフォームを覚える

アンダーハンドストロークをセルフノックで打つ

ねらい

習得できる技能
▶ 基礎固め
▶ オフェンス力
▶ ディフェンス力
▶ 応用力

回数　10回×数セット
対象レベル　ビギナー〜トップ

Menu 020　ロングサービスを打つ

やり方　フォアハンドのアンダーハンドストロークで、ロングサービスを打つ。

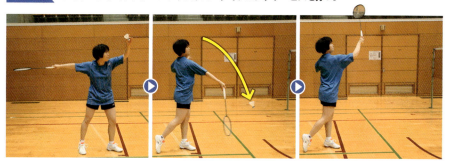

 ポイント

面を安定させて打球をコントロールする

これもセルフノックの一種。壁に向かって打ってもかまわない。空き時間、空きスペースを有効に使える練習だ。ターゲットを設定して、そのターゲットをねらって打ち込む。ラケット面を安定させてシャトルをコントロールすることを目指そう。

? なぜ必要？

ヒットの感覚をつかむ

フォアハンドのアンダーハンドストロークで最も使用頻度が高いのがロングサービス。初心者でも比較的に簡単に習得できるのがロングサービスで、ヒットの感覚をつかむために繰り返し練習しよう。

ワンポイントアドバイス

逆足のロングサービスもやってみよう

通常のロングサービスの場合、右足を引いて動作に入る。しかし、この体勢ではなかなか遠くに飛ばない。そこで「右足を前に踏み込みながら」ロングサービスを打ってみると、体重がシャトルに乗って力強く打てるようになる。この延長をフォアハンド、バックハンドのロングリターンへと応用できる。通常のロングサービスで感覚をつかんだら、逆足を出した状態でのサービスも練習してみよう。この「逆足のサービス」が通常のアンダーハンドストロークと同じ足の使い方になる。

アンダーハンドストローク③ ノックでフォームを覚える

アンダーハンドストロークのコントロール強化

ねらい

Menu 021 手投げノック

習得できる技能	▶ 基礎固め
	▶ オフェンス力
	▶ ディフェンス力
	▶ 応用力

回数　10回×数セット

対象レベル

やり方

ネット前からシャトルを投げてもらい、選手はそれをアンダーハンドストロークで打つ。

ポイント

右足をしっかり踏み込んで、コンパクトにスイングする

右足をしっかり踏み込んで打つ。ターゲットを設けると、より有効な練習になる。例えばコート後方にバケツなどを置いてそれに入れるなど。また、スイングをよりコンパクトにすることも大切な目標だ。

なぜ必要？

リカバリー時のコントロール

アンダーハンドストロークはリカバリーショットとして使われるが、追い込まれるときというのはバランスを崩している状態のため、ジュニアの試合を見ていると、例えば相手にショートサービスを打たれ、それを後方に大きく返球するとアウトになってしまう等々、オーバーヘッドストロークのショットよりミスの数が多い。

ワンポイントアドバイス

フォアハンドも行う

フォアハンドのほうが振りが大きくなりがち。こちらもよりコンパクトに振れるようにしよう。

アンダーハンドストローク編

リカバリーショットであるアンダーハンドストロークは体勢が崩れた状態で打つことの多いショットです。その状態の中でも「大」の円運動、「中」の円運動、「小」の円運動をそれぞれ適切に使えるようなスイングをすることが大切です。練習でははじめ小さくゆっくり、安定した姿勢で打ちはじめ、徐々に足を大きく踏み出し「苦しい体勢」でも打てるようにしましょう。

✗ 起こりやすいミス！
逆足＋「大」の円運動で打っている

この写真ではまず逆足になっているが、どんなときも最後はしっかりとラケットを持っているほうの足を出すようにフットワークを調整することが必要だ。また、「大」の円を中心に使っていることでシャトルにパワーが伝わりにくく、コントロールも難しくなる。「大」「中」「小」の瞬間的な回転運動を使い、最後は小さな振りで強く遠くまで飛ばしたい。

○ 改善方法！
最初は高い位置でシャトルを打ち、徐々に低い位置で打てるようにする

まずラケットを持っているほうの足を出すことを意識し、その状態のまま出されたノックを打つ練習をしよう。フィーダーは、最初は高いところに球を出し、うまく打てるようになってきたら徐々に低いところに出すようにする。高い位置に来た球のほうがコントロールがしやすい。「左、右」とか「イチッ、ニッ」などの声をかけて行うとタイミングがとりやすい。

ネット付近のショット①ノックでフォームを覚える

ネット付近のショット

| 習得できる技能 | ▶ 基礎固め
▶ オフェンス力
▶ ディフェンス力
▶ 応用力 |

ネット付近からの決め球を練習しよう

バドミントンの戦術上重要となるネット付近のショットは、主に「たたき」「切り落とし」「スピン」「リフト」「逃げクロス」「アタッキングロブ」の6種類。

ネット付近のショットをマスターする際にはノックから入る。まずはネットのない場所で自由に打てるように練習しよう。

Menu 022 手投げノック／たたき

| 回数 | 10回×数セット |
| 対象レベル | ビギナー〜トップ |

フォア

バック

やり方

フィーダーから上げられたシャトルを、ネット前でたたくように打ち返す。

ポイント

チャンスボールは右にたたく

チャンスボールを後方へアウトにしてしまったり、相手のカウンターレシーブで返球されると精神的に大きなダメージにつながる。それを防ぐために「チャンスボールは右（相手バックハンド側）にたたく」を合言葉に練習すると、打点も高くキープできて「悲劇」が起きにくいもの。

なぜ必要？

ラリーを終結するショット

ネット付近からの「たたき」はラリーの終結を意味する。つまりこのショットが不完全では「積極的な勝利」が遠のく（ダブルスの戦術P107参照）。タッチネットは無論、相手に返球されるようなことがないように安定するまで練習を繰り返そう。

ネット付近のショット① ノックでフォームを覚える

ネット付近でチャンスをつかみ、相手を追い込む

ねらい

Menu 023 手投げノック／切り落とし

習得できる技能	▶ 基礎固め ▶ オフェンス力 ▶ ディフェンス力 ▶ 応用力
回数	10回×数セット
対象レベル	ビギナー〜トップ

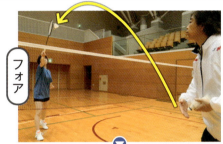
フォア

バック

やり方
ネットを挟んだフィーダーから上げられたシャトルを、選手は高い打点から縦に切り、ネットぎりぎりに落とすように打つ。

フォア

ポイント
高い位置でシャトルをとらえ、シャトルの側面を切るようにクロスに打つ

なぜ必要？

決め球として有効なショット

「たたく」ほどではないが、これもネットでの決め球として有効なショット。とくにラケットを高く上げてストレートの強打と見せかけながら切り落とすと、相手は重心を後方に置いてしまい決まる率が高くなる。フォアハンドからの切り落としがより有効となる。

39

ネット付近のショット①ノックでフォームを覚える

ラリーを振り出しに戻す

Menu 024　手投げノック／スピン

習得できる技能	
▶ 基礎固め	
▶ オフェンス力	
▶ ディフェンス力	
▶ 応用力	

回数　10回×数セット
対象レベル　ビギナー〜トップ

フォア

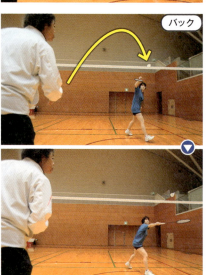
バック

やり方

ネットを挟んだフィーダーから上げられたシャトルを、スピン回転をかけて打ち返す。

フォア　　　バック

◀ バック側のノックの場合はノックを受けるほうは自分の右側からクロスにシャトルが飛んできたほうが打ちやすい。フィーダーは相手のクロスに立って球を出す。

ポイント　打点はネットの3分の1

打点はネットの上から3分の1くらいの位置。フォアハンドで右から左へ（外から内へ）シャトルを回転させるようにする。一人打ちでスピンを何度も連続させる練習も有効。

❓なぜ必要？

相手のショットを限定する

シャトルにスピンがかかるとそれがある程度おさまるまで手が出せない。ネット沿いに下方へ落下しているので、後方まで飛びにくい（浅い）ロビングで対応するしかない。相手のショットを限定し、ラリーを自分優位の振り出しに戻し次に備えることができる。

◀バックハンドを打つときは、フォアハンドを上から持ち替えてバックハンドにする。つまりフォアハンドで打てるスピンをバックハンドに持ち替えるだけ。スピンをかけて自分の右から左側（内から外）へ打つ。

ネット付近のショット① ノックでフォームを覚える

追い込まれた状況から
ラリーを振り出しに戻す

Menu 025 手投げノック／リフト

習得できる技能	▶ 基礎固め
	▶ オフェンス力
	▶ ディフェンス力
	▶ 応用力

回数 10回×数セット
対象レベル ビギナー〜トップ

フォア 低い打点

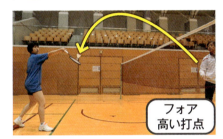
フォア 高い打点

バック 低い打点

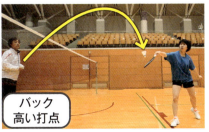
バック 高い打点

やり方

ネットを挟んだフィーダーから上げられたシャトルを持ち上げるようにしてネットを越えて垂直に落ちていく軌道になるショットを打つ。

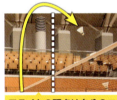
フライトの頂点は自分のコート側
垂直に落とす

バック　フォア

ポイント

さまざまな位置で打ってみる

さまざまな高さ、地点からネットのギリギリをねらって打ってみながらコントロールをつける。例えば、さらに追い込まれた状況を想定して、床ギリギリからでも打てるようにしてみよう。フライトの頂点を自分のコート側に作り、相手コートではすでに下向きの、できればネットすれすれ垂直に近い角度で落としたい。

？ なぜ必要？

打点が低いときの対応策

ネットで相手を追い詰めたいがこちらの打点も低い場合、このリフトで対応する。打ったシャトルは自分のコートではネットより高く上がってもかまわないが、相手コートに入ったらネットより高く上がらないように。ネット沿いギリギリに落とす。

ネット付近のショット①ノックでフォームを覚える

フェイントをかけながら逃げてラリーを振り出しに

ねらい

Menu **026** 手投げノック／逃げクロス

習得できる技能
▶ 基礎固め
▶ オフェンス力
▶ ディフェンス力
▶ 応用力

回数　10回×数セット
対象レベル　ビギナー／トップ

フォア

バック

Point!
最後の最後に手の「甲」で打つイメージでクロスに持っていく

やり方

ネットを挟んだフィーダーから出されたシャトルを、厳しい体勢で、ヒザより下、床ギリギリから簡単に上げずにネットぎりぎりの軌道で、ヘアピンで返球する。

フォア

⚠ ポイント　フェイントをきかせる

あくまでも「逃げ」のショットだから「フェイント」がきかなければならない。「もうダメだ、ストレートのネットに逃げるしかない」という状況を瞬間的に相手に見せるのがコツ。

林丹選手

❓ なぜ必要？

ヘアピンの逃げ球ショット

相手に追い込まれたときに、ロブを選択せずにヘアピンで「逃げ球」として使うショット。基本コースはクロスだが、ストレートにも打ち分けられるように練習しよう。

ネット付近のショット①ノックでフォームを覚える

後方に相手を追い込み、再びチャンスをつくる

ねらい

Menu **027** 手投げノック／アタッキングロブ

習得できる技能	▶ 基礎固め
	▶ オフェンス力
	▶ ディフェンス力
	▶ 応用力

回数　10回×数セット

対象レベル　ビギナー〜トップ

打つ　動く　動きながら打つ　ダブルス　シングルス　ゲーム　練習計画とメニューの組み方

フォア

フォア

やり方

ネットを挟んだフィーダーから出されたシャトルを、攻撃的なロビングで返球する。

バック

⚡ ポイント 「弾く」ように打つ

相手を「前方に」おびき寄せるための工夫（例えば「ラケット面を床と水平に保つ」など）が必要となる。また、瞬時に後方に打つので「振る」というより「弾く」感じで打つ。フライトの高さの調整はその状況に応じて変化させなければならない。

❓ なぜ必要？

「足を止める」ショットにする

ただ攻撃的なプッシュと違うのは、ネットまで詰めたときに、相手にネット前を意識させ前方に出させる「足を止める」ショットにならなければいけないということ。

◀右利き選手とのやりとりでは、左前方よりバックハンドで、ストレートに相手フォア奥にアタッキングロブを使うと相手ショットがかなり限定される。戦術的には、最後は相手をフォア奥に追い込むのがセオリーだ。

ネット付近のショット編

　ネット付近では少なくともラリーを振り出しに戻すというのが大きなねらいですが、起きやすいミスは、ラケットの使い方のミス、足の運びのミス、そして戦術面でのミスの3つでしょう。
　ここではビギナーに多いラケットの使い方のミス、そして足の運びのミスについてその要因と修正方法を紹介します。

✗ 起こりやすいミス！

スピンネットでのラケットの使い方のミス

スピンをかけようとするとき、羽根の真下でラケットをまっすぐ、突くように出すケースをよく見かける。これではシャトル全体が回転する（タンブリング）が、スピンはかからない。

足の運びによる体勢の作り方のミス

ネット前でクロスに逃げようとする際に、両足を結ぶ延長線上の外側にラケットを出すケースもよく見かけるが、これではシャトルはクロスにコントロールされにくい。バランスも崩しやすいNGだ。

〇 改善方法！

羽根の側面をこするようにスピンをかける

スピンをかけたい場合は、シャトルの羽根の側面をこするイメージ。右から左にクロスのヘアピンを打つようにしてスピンをかける。

両足を結んだラインの内側にラケットを出す

軸足と踏み出した足の両足を結んだ内側にラケットを出してシャトルを打つと、シャトルのコントロールが可能になる。バック側も同様だ。バランスも崩れにくいので、適切な足の運びを心がけよう。

第2章
動く

シャトルを安定して打つためには適切な打点に動く必要があり、
数多くのフットワークを身につけておかなければならない。
ここではコート内のさまざまな方向に正しく動く方法を紹介する。
トッププレーヤーのように、踊るようにスムーズに移動することが目標だ。

動きの型を覚える

移動のイメージを作る

シャトルに対して合理的な動き方を選ぶ

バドミントンを習う初期の段階で正しい足の運び方、つまりステップやフットワークを身につけることで、シャトルに対してより合理的な動き方を選ぶことができるようになる。無駄な動きが少なくなれば、「フットワーク練習は疲れる」という意識もなくなる。プレーをレベルアップさせる上で非常に大切な段階になると言ってもいい。まずは、その合理的な移動のイメージを作れるようにしよう。

コート内を動くイメージ（移動のイメージ）

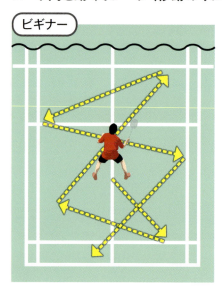

▲飛んできたシャトルをただ追いかけているだけになってしまう

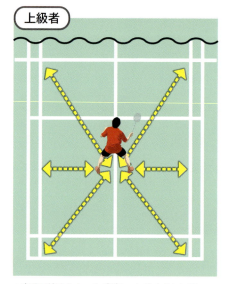

▲自分で決めたホームポジションを中心として戻ったり移動したりする

ポイント 「2拍子」の動きをイメージして動こう

バドミントンの動作は「ストップ」＆「ダッシュ」の繰り返し。打つ前には打ちたい場所でいったんストップし、打ったらすぐに次の場所に移動する。「打つ」→「構える」→「打つ」→「構える」の2拍子のリズムを覚えよう。

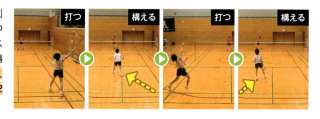

動きの型を覚える

重心移動する

重心移動のイメージは①落とす②回す③弾む

シャトルが飛んできたとき、自分の体の近くならば移動せずに手や足だけを出して、体重を移動させるだけで打つことができるかもしれない。しかし、体から遠いシャトルを打とうとした場合、体重移動だけでは届かない。このとき重要になってくるのが、「重心の移動」だ。「重心の移動」は、「落とす」「回す」「弾む（弾ませる）」というイメージで行うが、実際にどのように行うか確認していこう。

重心移動の種類

①落とす-A　重心のイメージとしては、おなか辺りに抱えたボールを斜め方向（行きたい方向）に落とし、その勢いで動く。

①落とす-B　後方に移動する場合、脱力しながら腰を引くように重心を後方に落とす。

② 回す-A　ドラム缶をそのまま持ち上げようとしても重くて大変だが、一部を地面につけてそこを中心にして回すと移動しやすくなる。そのイメージで体を回して動く。

② 回す-B　左前へ移動する動きの一つ。左足を軸に回転（ピボット）しながら右足を大きく出す。左足を引いてしまう場合があるので注意する。

③ 弾む（弾ませる）　軽くジャンプなどをして、地面からの反発を生かして次の動作につなげる。

③弾む(弾ませる＋回す)-A

中心で軽くジャンプして、その弾む力を利用して左後ろに左足を軸にして回す(ピボット)。

左足が軸足

③弾む(弾ませる＋落とす)-B

中心で軽くジャンプして、その弾む力をそのまま右前に落としていく。

👉 ワンポイントアドバイス

「弾む」は壁を蹴る動作で体得しよう

「弾む」を体感するには、壁を足で蹴った反動で戻るのが一つの方法。ただしビギナーの場合、壁を蹴って戻る際に「足の筋力を使って蹴ること」と勘違いしがち。ここで覚えたいのは重心を移動すること。足は真っすぐ伸ばして、その反動を生かすことがポイントになる。実際に壁を蹴ってみて、体感するといいだろう。

▲ヒザが伸びている状態で壁からの反動を利用

▲ヒザを伸ばす筋力で壁を蹴っている

動きの素を作る

「始めの1歩」と「戻りの1歩」を マスターする

ねらい

初動動作を的確に選ぶと、ラリーを有利に進められる

バドミントンの動きの中で重要になってくるのは、ホームポジションから動き出す「始めの1歩」と、打ったあとに次に動くための「戻りの1歩」ではないだろうか。この初動動作をラリーごとに的確に選び、足を運ぶことができれば、無駄のない動きができ、有利にラリーを進めることができる。さらに、動きの中で足の指を使うことを覚えたり、負担のない重心移動、足の出し方が可能になったりするので、長い目で見ても、ケガの予防につながる。

📣 指導のポイント！

チャイニーズステップとジャパニーズステップ

止まった状態から1歩目を早く踏み出すことをテーマにしたフットワークがチャイニーズステップ。さまざまな方向に動きながら、始めの1歩と移動そのものに主眼を置いたステップと言ってもいい。練習前や試合前に、多くのチームがこのチャイニーズステップに取り組んでいるだろう。

一方で、戻りの1歩と移動そのものに主眼を置き、ある程度の距離を往復し、すでに重心が動いた状態でステップを行う練習を、私たちは「ジャパニーズステップ」と呼んでいる。コートの縦程度の距離を使って、次々に種類を変えて行うのが一般的なこのステップも、多くのチームで取り入れられているだろう。チャイニーズステップに比べて体の負担が少ないのが特徴で、ウォーミングアップに適している。また、初心者は経験者を含めて縦に列を組んで、前の人の動きを見ながら行うと真似しやすい。

練習の組み方としては、比較的負荷の小さいジャパニーズステップを行ってから、負荷の大きいチャイニーズステップを行うと、体が徐々に動きやすくなる。次のページからは、チャイニーズステップ、ジャパニーズステップの代表的なメニューを紹介していく。

動きの素を作る／チャイニーズステップ

チャイニーズステップ

1歩目の踏み出しを速くする

止まった状態から1歩目を早く踏み出すことをテーマにしているのがチャイニーズステップ。それぞれのステップにおいて「大きく・ゆっくり」「小さく・速く」の2パターンで行う。

Menu 028 両足開閉（大きく・ゆっくり／小さく・速く）

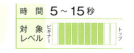

時間 5〜15秒
対象レベル ビギナー〜トップ

やり方
両足をジャンプして横に開いたあとに足を閉じる。

歩幅いっぱいを脱力した状態で、柔らかく、足音をあまり立てずに行う

半足から一足分の動きを素早く繰り返す。シューズと床がスリップする音（キュッキュッ）が聞こえる

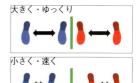

Menu 029 前後両足ジャンプ（大きく・ゆっくり／小さく・速く）

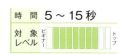

時間 5〜15秒
対象レベル ビギナー〜トップ

やり方
両足を振り子のようにして前後に跳ぶ。「小さく・速く」はコートライン幅位を休まず素早く前後させる。

つま先でキュッキュッと音を出す

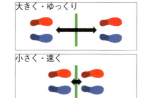

Menu 030 横踏み出し（大きく・ゆっくり／小さく・速く）

時間 5〜15秒
対象レベル

やり方
両足でジャンプし、基本姿勢をはさんで左右に足を広げ、つま先も横に向ける。

大きく・ゆっくり　小さく・速く

Menu 031 前後入れ替え（大きく・ゆっくり／小さく・速く）

時間 5〜15秒
対象レベル

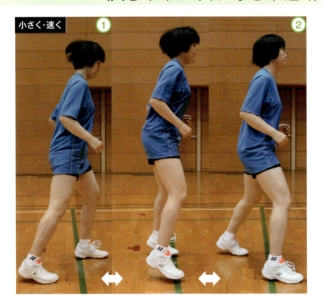

やり方
ヒザを深く曲げないシザースジャンプのように高く跳びながら足を前後に入れ替える。小さくは、一足分程度を床から足を浮かさずに入れ替える。大きくの場合は両足の間は狭く、小さくの場合は肩幅程度に開く。

大きく・ゆっくり
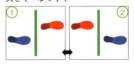

小さく・速く
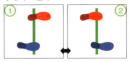

Menu 032 ピボット

時間 5〜15秒
対象レベル ビギナー〜トップ

やり方
右足軸のピボットは左前に足を踏み出すイメージで、左足軸のピボットは、左後方に下がるイメージで行う。

右足のピボット / 右足が軸足

左足のピボット / 左足が軸足

Menu 033 足寄せ

時間 5〜15秒
対象レベル ビギナー〜トップ

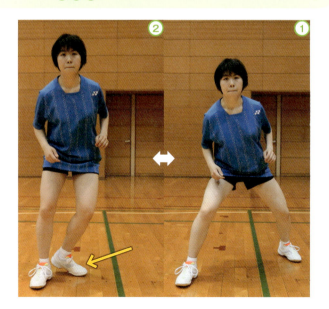

やり方
右前への「継ぎ足」をイメージし、「まず左足を動かす」くせをつける。右利きの選手は左足で後ろから押し出すように移動する。まるで自転車の後輪が左足、方向を決める前輪が右足のように。

動きの素を作る／ジャパニーズステップ

ジャパニーズステップ

コートの縦を使って次々に種類を変えて行う

コートの縦の距離を利用しながら、さまざまなステップを行っていこう。経験者を前にし、ビギナーはその経験者の動きを見ながら行う。動く距離はコートの縦の長さからその倍程度まで。

Menu 034　前後入れ替え（大きく・ゆっくり／小さく・速く）

距離　コート2分の1～1往復
対象レベル　ビギナー〜トップ

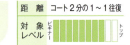

やり方

サイドステップで横方向に進む。右足を前にした状態で行ったら、左足を前にした状態でも行う。大きく・ゆっくりの場合は脱力したまま上に跳びはねるように、小さく・速くの場合は足を床面から浮かさないように移動する。

大きく・ゆっくり

小さく・速く

📢 指導のポイント！

練習の目安

チャイニーズステップと同じように、ジャパニーズステップも「大きく・ゆっくり」行う場合と「小さく・速く」行う場合を交互に取り入れる。初心者の場合、最初はゆっくりでかまわない。体力トレーニングを意識して行う場合は3人1組くらいになって1人がステップ、2人が動きながら休む形が目安。初心者も慣れてきたら「速く・小さく」行ってみよう。

実際の動きをイメージする

足運びの種類が多いので、最初は「ただ動くだけ」になりがち。大切なのは「バドミントンの動きをイメージしながら動く」こと。その足運びでどのショットを打つのかなどをイメージさせることが重要で、上級者の動きを見せたり、動きを動画で撮影して見せたりすることも意識付けに有効だ。

Menu 035 クロスステップ（大きく・ゆっくり／小さく・速く）

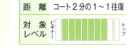

やり方

前足を前と後ろでクロスさせるクロスステップを入れながら移動する。

大きく・ゆっくり

Point! バランスを崩しながら移動するのがコツ

参照ページ P61 ▲クロスビハインドステップをイメージして行う

小さく・速く

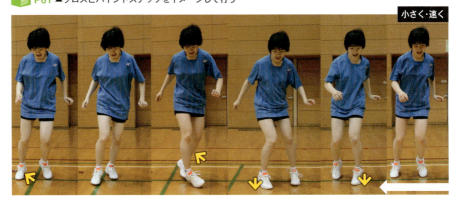

Menu 036 ヒザの内まわし（前へ）

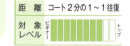

距離	コート2分の1〜1往復
対象レベル	ビギナー〜トップ

やり方 左右交互にヒザを外から内に回旋させながら前に進む。

Menu 037 ヒザの外まわし（後ろへ）

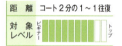

距離	コート2分の1〜1往復
対象レベル	ビギナー〜トップ

やり方 左右交互にヒザを内から外に回旋させながら後ろに進む。

Menu 038 足の振り上げ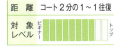

やり方
左右交互に足を大きく振り上げながら前に進む。

距離	コート2分の1〜1往復
対象レベル	ビギナー〜トップ

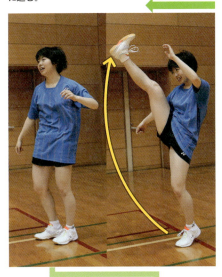

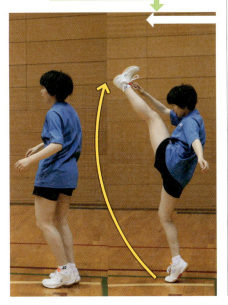

Menu 039 すり足（前へ／後ろへ）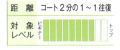

やり方
「シャセ」と呼ばれる2ステップで左斜め前→右斜め前へと交互に進む。後ろに進むパターンも行う。小さく・速く行う場合は両足をつけない（肩幅より広く）で、後足で押し出すように。

距離	コート2分の1〜1往復
対象レベル	ビギナー〜トップ

大きく・ゆっくり／前へ

大きく・ゆっくり／後ろへ

動きの素を作る／ダブルスステップ

ダブルスステップ

ダブルスで特に必要とされる横の動きを鍛える

ダブルスでは横の動きが必要となる。その動きを鍛えるために、体力測定で用いられる反復横跳びをさまざまなパターンで活用すると効果的。ダブルスの練習の際に、ウォーミングアップ的に取り入れることも多いステップ練習を紹介する。

Menu 040 反復横跳び

距離	コート2分の1〜1往復
対象レベル	ビギナー〜トップ

やり方 通常の反復横跳びを行う。

Menu 041 ピボット

距離	コート2分の1〜1往復
対象レベル	ビギナー〜トップ

やり方 コートのサイドラインからサイドラインまでピボットしながら移動する。ピボットの軸足は右足、左足、順番に使う。

右足が軸足　　左足が軸足

Menu 042 クロスステップ（ぐるぐる）

時間 5～15秒
対象レベル ビギナー～トップ

やり方 2～4人で、コート内に円を描くようにクロスステップで移動する。途中で方向を変える。

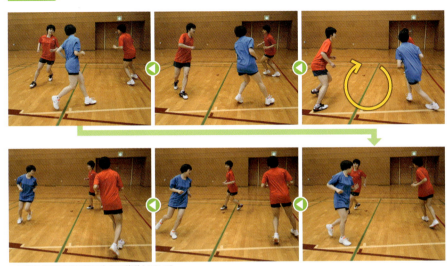

▲写真は時計回りに後ろ向きに移動している

Menu 043 すり足強化（すり足ぐるぐる）

時間 5～15秒
対象レベル ビギナー～トップ

やり方 2～4人で、コート内に円を描くようにすり足で移動する。途中で方向を変える。

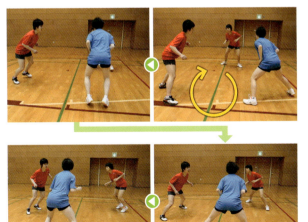

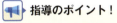
指導のポイント！

方向を転換する

3人程度で行い、1人がリーダーとなり、好きなときに（不規則に）手拍子をする。その手拍子で進む方向を逆にする。急な方向転換に対応するためだ。Menu42もこのやり方でやってみよう。

手拍子を合図に進む方向を逆にする

動きの部品を作る

部分フットワークをマスターする

コートのそれぞれの場所に、どのように足を運ぶのかを知る

ここまではフットワークの"素"となる重心移動や足の出し方を体で覚える練習だったが、ここからは実際のコート上でスムーズに動くための"部品"となるステップをマスターしていく。ステップの種類はいくつかあり、コートのどこに移動するかによっても使うステップは異なる。ビギナーは、まずはコートのそれぞれの場所に、どのように足を運ぶのかを知って、マスターしていくのがいいだろう。

コート上に番号を振って覚える

コート上で動く方向に右図のように①～⑨と番号を振り、練習の際、例えば「⑦（フォア前）に、クロスオーバー（ステップの種類）で」というように指示して行うようにすると、共通の理解を促すことができる。

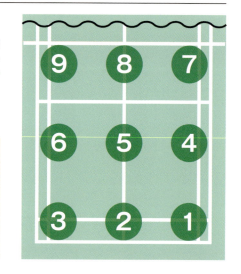

 指導のポイント！

チーム内で「言葉」を共有する

中高生の練習は組織的に行われることが多い。この場合、「チーム内だけで通じるキーワード」のような言葉の共有化を図ると効率が上がる。

ワンポイントアドバイス

足の運び方はさまざま

メニューで紹介している足の運び方は、あくまで一例。移動の歩数が1歩か2歩か（＝戻りの歩数が1歩か2歩か）、2歩の場合は2歩目をどのように用いるか、またホームポジションでの構えやホームポジションまでの距離によっても変わってくる。つまり、自分の意図することや状態と相手の意図や状態によってステップを無意識にしかも瞬時に、自由自在に変える技術を習得しなければならない。例えば、フォア側へ2歩動く場合も右ページのように、いくつかのパターンがある。上級者はこれを瞬時に判断して使い分けているが、ビギナーはまずパターン化して理解をし、それを反復し体に記憶させる必要がある。

動きの部品を作る

フォア前（右前）へのステップ

Menu 044 継ぎ足（シャセ）（大きい継ぎ足／小さい継ぎ足）

回数 3〜10回×数セット
対象レベル ビギナー〜トップ

やり方
左足を右足に寄せて、右足を前に出す。シャトルまでの距離によって、継ぎ足を大きくしたり、小さくしたりする。継ぎ足の大小を使い分けられるようにする。

Menu 045 クロスオーバー

回数 3〜10回×数セット
対象レベル ビギナー〜トップ

やり方 左足を、右足の前から越して着地。

Menu 046 クロスビハインド

回数 3〜10回×数セット
対象レベル ビギナー〜トップ

やり方 左足を、右足の後ろから越して着地。

動きの部品を作る

バック前（左前）へのステップ

Menu 047　1歩ピボット

回数　3〜10回×数セット
対象レベル　ビギナー〜トップ

やり方　重心を回しながら左前方に落とし、1歩で移動する。

Menu 048　2歩（2歩で移動）

回数　3〜10回×数セット
対象レベル　ビギナー〜トップ

やり方　重心を左前方に落としながら左足を出し、その勢いで右足を大きく出す。

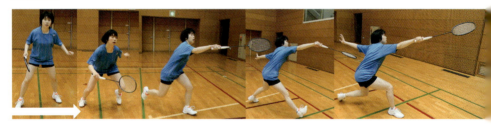

📣 指導のポイント！

左足は後方に動かさない

バック前では、重心移動の「回す」を利用することがポイントになる。また、2歩で移動するときの左足の使い方にもポイントがある。ビギナーは初動のタイミングで、この左足を後方に動かしてしまうことがあるが、これを私は「マイナス1歩」と呼んでいる。選手は一生懸命、左前に移動しているつもりでも、実質的には「1歩」しか出ていない。こうするとシャトルに届かないケースがあるので、指導者は注意を払って見るといいだろう。

前に出す

後ろに引く　NG

Menu 049 入れ替え継ぎ足

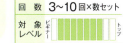

やり方 軽く跳んで両足を同時に入れ替え、その後継ぎ足を行う。Menu 31 の活用。

Menu 050 ピボット&ジャンプ

やり方 ピボットをした後に右足で踏み切りジャンプ（高くではなく距離をかせぐ）してネットに近づく。

左足が軸足

右足で踏み切る

ネット際のチャンスボールに対してたたいたりプッシュしたりする際に使うステップ

動きの部品を作る

フォア奥(右後ろ)へのステップ

Menu 051　跳びつき(トン)

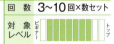

回数 3～10回×数セット
対象レベル ビギナー～トップ

やり方 右奥低めでやや速いロビングなどに対応する。両足で踏み切り、両足で着地する。

落下地点まで遠い場合は、すり足で調整する

トン

Menu 052　足の入れ替え(トトン)

回数 3～10回×数セット
対象レベル ビギナー～トップ

やり方 高さに余裕があり、力強いショットを期待するときに使う。

Point!
空中で足を入れ替え、落ちる力をシャトルに伝える

トン
ト

📢 指導のポイント!

イメージしやすい言葉で表現しよう

コート奥でのフットワークは、相手の打球のフライト（飛び方）によって、足の運びを変えていく必要がある。経験によって、瞬時に判断できるようになるが、ビギナーにはどのような足の運びで対応するかをその都度伝えていくことが大切だ。その際に効果的なのが、足音による擬音での表現。私は指導の際、「トントン」「トトン」「トン」というイメージしやすい言葉を用いて、ステップの分類化に取り組んでいる。

Menu 053 足踏み入れ替え（トントン）

回数 3〜10回×数セット
対象レベル ビギナー〜トップ

やり方
その場で足踏み（左足→右足の順）して、足でエネルギーを生み出し、それを体、ラケットに伝える。このときの足音が「トントン」と聞こえる。

◀シャトルの直下で余裕があるときに使う。一般的に男子選手などはこの場合、両足踏み切りジャンプ（垂直跳びのように）でさらに打点を上げ、強力なショットを生み出す

Menu 054 クロスビハインド

回数 3〜10回×数セット
対象レベル ビギナー〜トップ

やり方
右足の後方から左足を回し、右足をつきながらラケットを振る。

最もフォア奥に追い込まれた場合に使う

ワンポイントアドバイス

右構えと左構え

センターからフォア奥に下がる際、センターでの構えが、右足が前にある状態（右構え）と右足が後ろにある状態（左構え）がある。右構えのときはピボット動作を入れ、右足を下げてステップに入る。

左構え

右構えからの下がり方の例

左足が軸足

動きの部品を作る

バック奥（左後ろ）へのステップ

Menu 055 跳びつき（トン）

回数	3〜10回×数セット
対象レベル	ビギナー 〜 トップ

やり方

どちらかというと「左足」でジャンプするイメージ。右利きの選手は利き足ではないので、繰り返し行って跳躍力をつけなければならない。

Menu 056 ピボット＋足の入れ替え（トトン）

回数	3〜10回×数セット
対象レベル	ビギナー 〜 トップ

やり方

斜め後ろへのステップのため、ピボットを使う。より長い距離をかせぎたいときは、「スキップ・ピボット」（写真）を用いる。

フォア側後方へのピボットよりも大きく回る必要がある。ただし軸足である左足を床から動かしてもかまわない

Menu 057 バンザイ

回数	3〜10回×数セット
対象レベル	ビギナー 〜 トップ

やり方

両手を上げて素早く下がっていくステップ。写真は右足から下がっているが、左足から下がるパターンもある。

ねらい フットワークを組み立てる

動きを組み立てる

各方面へのステップを組み合わせ、コート全面を自由に動き回る

ここまで練習してきた動き方、ステップを、実際のラリーの中で使えるものとするように組み立てる作業を行う練習法だ。シャトルを使う練習ではないので、自分の苦手な箇所を徹底的に繰り返し練習できる。しかし、常にシャトルコックと相手をイメージして練習することが大切だ。

Menu 058 イメージフットワーク（1歩）

回数 3〜10回×数セット
対象レベル ビギナー〜トップ

やり方 シャトルを打つイメージを作りながら素早く動く。

Point! 大事なのはタイミング。動いてから振るのではなく、「シャトルが来た」と頭にイメージしながら、フットワークとスイングを組み合わせる

展開例

Menu 059 イメージフットワーク（全面フリー）

回数 3〜10回×数セット
対象レベル ビギナー〜トップ

やり方 イメージフットワークを、コート全面を使って行う。

Point! 相手がいると想定し、自分で球種を考えたり、来るタイミングを考えたりしながら行う

展開例

動きを組み立てる

戦術を意識して動く&動かす

「フットワーク＝バドミントン−シャトルコック」

ゲームでは相手の打球や相手の戦術に合わせて動く必要も出てくる。相手を意識しながら動いてみよう。指示する者も選手も動くタイミングや姿勢、視線までリアルに行う。視線が下に行きがちなので、気をつけよう。

Menu 060 指示フットワーク（2拍子）

回　数　3〜10回×数セット
対象レベル　ビギナー〜トップ

参照ページ P60 コート上に番号を振って覚える

やり方

2人1組となり、指示をする人と、その指示に応じて動く人に分かれる。指示者はまずホームポジションを指示し、その後コートの6方向を指示し、もう1人はその指示に応じて動く。ホームポジションを起点に、動く→戻るの2拍子の一定リズムで行う。

Menu 061 指示フットワーク（スルー）

回　数　3〜10回×数セット
対象レベル　ビギナー〜トップ

やり方

2人1組となり、指示をする人と、その指示に応じて動く人に分かれる。指示者はホームポジションを指示せず（スルー）動く人を追い込むように指示していく。もう1人はその指示のスピードについていくようにフットワークを使う。

Menu 062 指示フットワーク（バリエーション）

回数 3〜10回×数セット
対象レベル ビギナー〜トップ

ホームポジションを指示 → ③を指示 → ⑦を指示

⑨を指示 → ホームポジションを指示 → ⑥を指示

やり方

2人1組となり、指示をする人と、その指示に応じて動く人に分かれる。指示する人は、Menu60 の 2 拍子と Menu61 のスルーをランダムに使い、「タメ」を作ったりフェイントをかけたり、高い位置や低い位置で出したり、さまざまなリズムとポジションで指示し、もう一方の人を動かす。指示に応じて動く人は、必ずしもホームポジションを経由しなくてもいい。

ポイント　指示する人も練習

指示している人は、次はどこに指示をしたら相手は苦しいか、と考えて行うことで、実際のプレーの戦術を磨くことにつながる。指示にラリーのストーリー性を持たせるようにする。動く人は、まるで相手のショットを見ているかのように上手に「演技」しながら動くと効果が倍増する。

なぜ必要？

フェイントをかけて相手の足を止める

バドミントンの試合では、ポイントを奪うためには相手の裏をかいた配球が必要になり、逆に言えば、それについていき、シャトルを拾うためのフットワークが必要になる。これは、そのフットワークを鍛えるための練習であると同時に、この練習で指示する人にとっては、相手の裏をかくための戦術を考えるための練習でもある。上級者の試合を見ると、よくフェイントをかけて、相手の足を止めている。ビギナーはなかなか相手の足を止めることができないもの。まずはシャトルを使わず、指示で相手の足を止める練習をしよう。

動きを組み立てる

フットワークをパワーアップする

ねらい

フットワークを使った体力作りに挑戦しよう

鍛錬期（冬場など）には、フットワークとトレーニングを兼ねてフィジカルの強化を行うといいだろう。目的は心拍数を上げて追い込んだ状態でスピードを維持することと、繰り返しやることで1歩の歩幅が大きくなるように脚力をつけることなど、さまざまに応用できる。

Menu 063 トレーニングフットワーク

回数 3〜10回×数セット
対象レベル ビギナー〜トップ

フットワーク例①

フットワーク例②

やり方

ラケットを持たずにコート内でフットワークを使って動く。特にコートの対角線を使ってダッシュ＆ストップを繰り返す。さまざまなフットワークを使うが、監督やコーチが走る方向、フットワークの種類や歩幅などを指定して行う。

ポイント

目的を意識する

トップスピードまで上げて、ストップ。ケガをしやすいので着地の瞬間にヒザを深く曲げないようにする。トレーニングの目的は、持久力をつける、またはスピードアップなどさまざまなので、どのような目的で行っているのかを意識しながら行うことが大切だ。持久力をつけたいなら1分半〜3分を1セットとして繰り返す。大勢で一斉にできるので、競争しながら行うと効果が上がる。

進み方例①

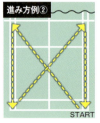
進み方例②

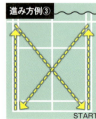
進み方例③

第 3 章
動きながら打つ

第1章と第2章で学んだ「打つ」と「動く」を、
一体化させて実際に動きながら打ってみよう。
打つだけ、動くだけとは違い、「打つ」と「動く」を同時に行うのは難しいもの。
まずは簡単なノックから始め、徐々に複雑な練習メニューへと進もう。

ノックの効用

実際に動きながらシャトルを打ち始めると、必ずさまざまな問題が発生してくる。それは、相手の打つショットによって自分の動きを臨機応変に決めていかなければならないからだ。相手のショットをある程度予測して自分の打つショットを決定していくというのは、ビギナーにとっては大変難しいことで、そこで戸惑ったり、どのショットを打てばよいのか迷ったりしてしまう。

その問題を解決するための練習の一つが、ノック。球種や場所といった条件を固定して行うノック、場面を想定しながらのノックなど、まずは打つショットをシンプルにした簡単なノックを繰り返すことで選手ごとの課題も見えてくる。それをクリアしていくことで、最終目標である「考えないで動いて打てるようになる」状態に近づいていく。

動きとストロークを決めるのは相手のショット

ラリーの中で自分がどこに動いて、何を打つかを決定するのは、すべて相手のショットによる。相手のショットが自分側のコートに来てから動くのでは遅いので、相手の動きやラケット面などからショットを予測し、自分の打つべきショットを決める。

ノックでは、相手（右図A）からのショットを「提示」として、自分（同B）が打つべきショットを「課題」と捉え、この2つを掛け合わせることで、さまざまなバリエーションを作りだす。

相手が打つショットは…
- ✓どんな球種か
- ✓どんなコースか
- ✓どんなスピード・タイミングか

を予測する

↓

そして自分は…
- ✓どんな移動方法を使うか
（足の運び）
- ✓どんなショットをどこに打つか
（ショットの決定）
- ✓どんなスピード・タイミングのショットを打つか

を決める

参照ページ
P89 ノックのメニュー設定

ノックの環境を整えよう

1 フィーダーの確保・育成

ノック練習において、フィーダー(ノッカー)の果たす役割はとても大きい。いかに選手のニーズに合った適切なタイミングやスピードでシャトルを出せるかなど技術的な面だけでなく、選手が課題をクリアしていこうという積極的な姿勢になるような雰囲気作りも大切。指導者は、自分自身が研究していくということにとどまらず、チーム内でフィーダーを育てていくことも必要になる。

2 シャトルの選別

ノック用のシャトルはゲーム用で使い終わったものを使うことが多いと思うが、一言で「ノック用のシャトル」と言っても、程度や状態はさまざま。練習前に選別し、目的や課題によってシャトルも使い分けよう。

▲思いきり打つことを目的とする場合は使い古しでOK

▲コントロール重視の場合はフライトがしっかり再現されるように比較的きれいなシャトルを使う

3 シャトルの持ち方・投げ方

選手のレベルに合わせて、またノックの目的に合わせてシャトルの持ち方や投げ方を使い分ける。

● 手投げ…前方に動かすノックに有効

羽根を持つ&つまむ≫下手投げ

シャトルの軌道が安定するため、距離の近いノック(例えばネット前)に最適。シャトルは手のひらにコックを先にして持つが、羽根をつまむように持って投げてもよい

コルクをつかむ≫上手投げ

遠くに飛ばしたい、速いシャトルを出したいときに最適

● ラケットを使う…後方へ動かすノックに有効

いくつか持って下から打つ

いくつかシャトルを持って下から打つ方法は、より容易なのでフィーダーが慣れていないうちはこの持ち方がおすすめ

シャトルをたくさん腕に乗せる

1セット10〜20本といった数の多いノックも可能で、上からも打てる利点がある。フィーダーのショットのバリエーションが広がる

基礎ノック

コート四隅のフットワークとショット作り①

習得できる技能
- ▶ 基礎固め
- ▶ オフェンス力
- ▶ ディフェンス力
- ▶ 配球力

回数 10回×数セット
対象レベル ビギナー〜トップ

Menu 064 フォア前の基礎ノック

やり方

フィーダーは手投げでシャトルを上げ、練習する選手はフォア前からアタック（たたく）、ヘアピン、ロブを打つ。指導者はノックを受ける選手に、打つショットを明確に伝える。

▼ バリエーションAのポイント
チャンス球をたたく

大切なのはフットワークを使い分けること。フィーダーが上げたゆるく甘いチャンス球に対して、練習者は継ぎ足、クロスオーバー、クロスビハインドのフットワークのいずれかを使って打つ（写真は継ぎ足）。

▼ バリエーションBのポイント
スピンヘアピンを打つ

フィーダーが出したゆるいリフト系のヘアピンを、練習者は継ぎ足、クロスオーバー、クロスビハインドのフットワークのいずれかを使って打つ（写真は継ぎ足）。

フットワークは、ある程度移動の方向が予測できている場面ではクロスオーバー、後方へフェイントをかけられて出遅れたらクロスビハインドを使うので、ノックでも実際のラリーで使う場面をイメージして使い分ける。

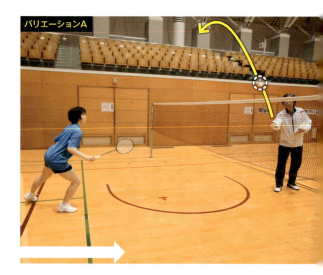
バリエーションA

バリエーションB

スピンヘアピン
自分の右から左へラケットを動かす

➡ 参照ページ **P61** フォア前へのステップ

フォア前（右前）の練習メニューのバリエーション

球を出す場所	相手からのショット（提示）	フィード方法	移動の方法	自分の打つショット（課題）	
右前	ゆるく甘いチャンスボール	下手投げ	クロスオーバー 継ぎ足 クロスビハインド 継ぎ足ジャンプ	たたく（右・左）	高い ↑ 積極性&攻撃性 ↓ 低い
	ゆるいリフト系のヘアピン	下手投げ	クロスオーバー	クロス切り落としヘアピン	
			継ぎ足	スピンヘアピン	
			クロスビハインド		
		下手投げ／上手投げ	クロスオーバー 継ぎ足 クロスビハインド	フェイントのきいた アタッキングロブ （ストレート・クロス）	
	サービスライン付近への 速いカット系のショット	上手投げ	小さな継ぎ足 クロスビハインド	フェイントのきいたリカバリー ロブ（ストレート・クロス）	
	ネットぎりぎりに 落ちるショット	上手投げ	クロスオーバー 継ぎ足 クロスビハインド	ヒザ下逃げクロスヘアピン	

▲フォア前のショット習得を目的とした練習のバリエーション表。例えば、「相手からゆるく甘いチャンス球が来た」と想定した場合、ネット前でのプッシュ（たたく）が最適なショットの選択となる。そこで、「たたく」を習得するために、ノックを行うが、フィーダーは「チャンス球を上げる」ために下手投げでフィードするのが適していることになる。

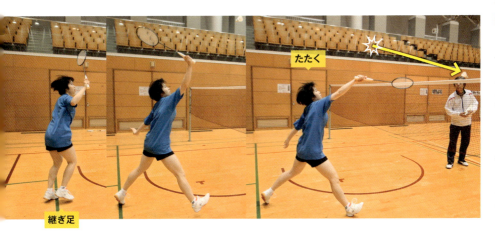

基礎ノック

コート四隅のフットワークとショット作り②

ねらい

Menu 065 バック前の基礎ノック

習得できる技能
- ▶ 基礎固め
- ▶ オフェンス力
- ▶ ディフェンス力
- ▶ 応用力

回数　10回×数セット
対象レベル　ビギナー〜トップ

やり方

フィーダーは手投げ（下手と上手）でシャトルを上げ、練習する選手はバック前からバックハンドでたたく、ヘアピン、ロブを打つ。指導者はノックを受ける選手に、打つショットを明確に伝える。

バリエーションAのポイント
チャンス球をたたく

フィーダーが上げたゆるく甘いチャンス球に対して、1歩ピボット、2歩（2歩で移動）、ピボット＆ジャンプのいずれかのフットワークでたたく（写真は1歩ピボット）。

たたく

バリエーションBのポイント
スピンヘアピンで返球

フィーダーが出したゆるいクロスのヘアピンに対して、練習者は2歩（左足→右足のクロスオーバー）で、バックハンドでスピンヘアピンを打つ。ラケットは右から左へネットをこするように平行移動させる（フォアハンドの要領をバックハンドで行う）。

スピンヘアピン

バリエーションCのポイント
クロスヘアピンで逃げる

フィーダーがネット上からネットに沿うギリギリの羽根を落とし、2歩（クロスオーバー）で床ギリギリからクロスヘアピンでしのぐ。

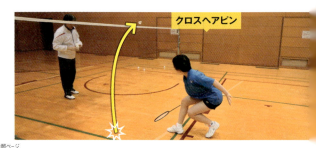

クロスヘアピン

 参照ページ **P62** バック前へのステップ　　 参照ページ **P42** 手投げノック／逃げクロス

バック前（左前）の練習メニューのバリエーション

球を出す場所	相手からのショット（提示）	フィード方法	移動の方法	自分の打つショット（課題）	
左前	ゆるく甘いチャンスボール	下手投げ	**A** 1歩（ピボット） クロスオーバー 入れ替え継ぎ足 継ぎ足ジャンプ	たたく （バックハンド・フォアハンド） （右・左）	高い ↑ 積極性&攻撃性 ↓ 低い
	ゆるいリフト系のヘアピン	下手投げ	1歩（ピボット） クロスオーバー 入れ替え継ぎ足	クロス切り落としヘアピン	
	クロスのゆるいヘアピン	下手投げ／ 上手投げ	1歩（ピボット） **B** クロスオーバー 入れ替え継ぎ足	スピンヘアピン	
	サービスライン付近への 速いカット系のショット	上手投げ	1歩（ピボット） クロスオーバー 入れ替え継ぎ足	フェイントのきいた リカバリーロブ （ストレート・クロス）	
	ネットぎりぎりに 落ちるショット	上手投げ	1歩（ピボット） **C** クロスオーバー 入れ替え継ぎ足	ヒザ下逃げクロスヘアピン	

▲フォア前とほぼ同様に練習が進められるが、左前では主にバックハンドを使う。また、右前の構えから素早く左足前へ足を入れ替え、その直後に継ぎ足をするフットワーク（表では「入れ替え継ぎ足」）も特徴的。

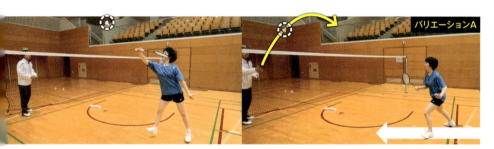

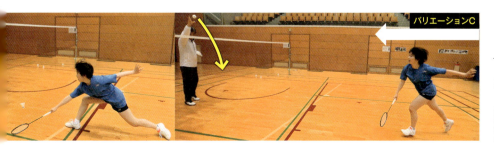

基礎ノック

コート四隅のフットワークとショット作り③

ねらい

Menu **066** フォア奥の基礎ノック

習得できる技能
▶ 基礎固め
▶ オフェンス力
▶ ディフェンス力
▶ 調整力

回数 10回×数セット
対象レベル ビギナー〜トップ

やり方

フィーダーはラケットでシャトルを上げ、練習する選手はフォア奥からクロススマッシュ、クロスカット、クロスクリアーなどを打つ。指導者はノックを受ける選手に、打つショットを明確に伝える。

 バリエーションAのポイント

クロススマッシュを打つ

フィーダーが上げた甘いチャンス球に対して、練習者は足を左右の順で踏み切り（トトン）空中で足を入れ替えてスマッシュを打つ。

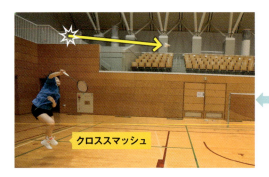
クロススマッシュ

 バリエーションBのポイント

ジャンプして
クロスカットを打つ

やや追い込まれた低めの球に対して、練習者はピボットをして跳びつく。届かない場合継ぎ足を入れて調整する。ラケットは閉じて持ち、小さなラギングバックを使い素早く切り落とす。

クロスカット

 バリエーションCのポイント

クロスクリアーで逃げる

フォア奥への鋭く追い込まれた球に対して、練習者はピボットをしてクロスビハインドのフットワークを使いクロスクリアーで返す。ラケットは閉じて持ち、小さく速いラギングバックを使い、前腕を回内させながら打つ。打点をあまり落とさないこと。

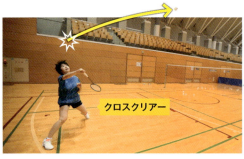
クロスクリアー

 参照ページ **P64** フォア奥へのステップ　 参照ページ **P10** ラケットを持つ・握る

フォア奥（右奥）の練習メニューのバリエーション

球を出す場所	相手からのショット（提示）	フィード方法	移動の方法	自分の打つショット（課題）	
右奥	ロングハイ	ラケットノック	シャトルの下に移動しトントン（男子は両足ジャンプ）	クロスにスマッシュ	易 ↑ 打ちやすさ ↓ 難
				クロスにカット	
				クロスにクリアー	
	少し低め（打ちやすい高さ）		ピボット／トトン **A**	クロスにスマッシュ	
				クロスにカット	
				クロスにクリアー	
	低め		ピボット／トン **B**	クロスにスマッシュ	
				クロスにカット	
				クロスにクリアー	
	さらに低く追い込むショット		ピボット／クロスビハインド **C**	クロスにスマッシュ	
				クロスにカット	
				クロスにクリアー	
				クロスにドライブ	

▲右足を斜め前にした構えを前提にしているので初動にピボットを用いている。また、シャトルの落下点までの距離を合わせるために「継ぎ足」で調整するとよい。クロスに打つ理由は、クロスに打てればストレートに打てる、ストレートに打ててもクロスに打てるとは限らないからだ（「大は小を兼ねる」の発想）。

バリエーションA

バリエーションB　継ぎ足　左足が軸足　トン

クロスビハインド　バリエーションC

基礎ノック

コート四隅のフットワークとショット作り①

Menu 067 バック奥の基礎ノック

習得できる技能	▶ 基礎固め ▶ オフェンス力 ▶ ディフェンス力 ▶ 応用力
回数	10回×数セット
対象レベル	ビギナー〜トップ

やり方

フィーダーはラケットでシャトルを上げ、練習する選手はバック奥からクロスクリアー、クロススマッシュ、ハイバッククリアーなどを打つ。指導者はノックを受ける選手に、打つショットを明確に伝える。

 バリエーションAのポイント

クロスドリブン（低めの）クリアーを打つ

フィーダーが上げたバック奥への球に対して、練習者はピボット（スキップピボット）を使って足を左右の順で踏み切り（トトン）、空中で足を入れ替えてドリブンクリアーを打つ。

 バリエーションBのポイント

ジャンプしてクロススマッシュを打つ

バック奥へのやや追い込まれた低めの球に対して、練習者は継ぎ足で距離を調整して跳びつきクロススマッシュを打つ。ラケットは閉じて持ち、小さなラギングバックを使い素早くねじり込むように打つ。

 バリエーションCのポイント

ハイバッククリアーで逃げる

バック奥への鋭く頭上を抜くようなショットに対して、練習者はAとは逆方向にピボットをし、相手に背を向けるようにして、ハイバックでクロスクリアーを打つ。右足で踏み切るジャンプを使ってラケットを頂点で止めるようにして、弾くように打つ。

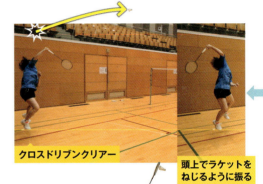

クロスドリブンクリアー

頭上でラケットをねじるように振る

クロススマッシュ

バリエーションC　右足が軸足

参照ページ **P66** バック奥へのステップ

バック奥（左奥）の練習メニューのバリエーション

球を出す場所	相手からのショット（提示）	フィード方法	移動の方法	自分の打つショット（課題）	
左奥	ロングハイ	ラケットノック	シャトルの下に移動しトントン（男子は両足ジャンプ）	クロスにスマッシュ	易 打ちやすさ 難
				クロスにカット	
				クロスにクリアー	
	少し低め（打ちやすい高さ）		ピボット（大きく）／トン　A	クロスにスマッシュ	
				クロスにカット	
				クロスにクリアー	
	低め		継ぎ足／ジャンプ（トン）　B	クロスにスマッシュ	
				クロスにカット	
				クロスにクリアー	
	低く頭上を越すショット		ピボット	ハイバックスマッシュ	
				ハイバックカット	
			C	ハイバッククリアー	

▲バック奥ではピボットが大きくなる。さらに大きくなる場合は「スキップピボット」を使おう。トンで打つ場合はラケットを閉じて小さく速いラギングバックを使いねじり込むように打つ。ハイバックはかなり難しいテクニックだが、最初はラケットを持つ側の足でジャンプし、ラケットを頂点で止めるようにして弾いて打つとよいだろう。

バリエーションA　トン／ト／左足が軸足

バリエーションB　トン／継ぎ足

右足で踏み切る／ハイバッククリアー

場面ノック

「場面ノック」で戦術を意識する

より「リアル」なノックを行う

次のステップでは、より実戦を意識しながら動くノックを行っていく。さまざまなシチュエーションを想定し、積極的に攻めていく場面、やや守備的な流れから再度積極的に攻撃へと持っていく場面など具体的に場面を想定し、それぞれについての動き方をノックで練習して体に記憶させていこう。

ポイント　三手先を読みながらショットを打つ

場面を想定してのノックでは、フィーダーから出された球を1球ずつ打つのではなく、自分が打ったシャトルに対して相手がどう打ち返してくるかを想定し、その次に自分が何を打つかというところまで考えて動く必要がある。「三手先を読む」ことを身につけることが、場面ノックの一番の目的だ。

場面ノックのメニューのバリエーション

スタート地点	フィード方法	1打目（図の①）	2打目のフィード方法（図の②）	2打目に対する移動方法	3打目（図の③）	3打目を打つ位置
右奥	ラケットノックロビング	ストレートスマッシュ	ゆるく甘いチャンスボール	ダッシュ	たたく（右・左）	右前
				ダッシュ＆クロスビハインド		
			ゆるいリフト系の甘いヘアピン	ダッシュ	クロス切り落としヘアピン	
				ダッシュ＆クロスビハインド		
				ダッシュ	スピンヘアピン	
				ダッシュ＆クロスビハインド		
				ダッシュ	フェイントのきいたアタッキングロブ（クロス・ストレート）	
				ダッシュ＆クロスビハインド		
				ダッシュ	フェイントのきいたリカバリーロブ（クロス・ストレート）	
				ダッシュ＆クロスビハインド		
			サービスライン付近へのショートリターン	ダッシュ	ヒザ下逃げクロスヘアピン	
				ダッシュ＆クロスビハインド		

（3打目を打つ位置：高い←積極性＆攻撃性→低い）

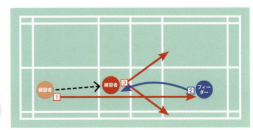

▲上の表は、コート右奥からの場面ノックのバリエーションを示している。1本目にストレートスマッシュで攻めたあと、相手の返球によって攻め方はいくつかのパターンがある。

指導者は選手にマスターさせたいパターン、ショットなどによってフィード方法を変える。また、このバリエーションはすべてを均等に練習する必要はない。できれば攻撃性の高いショットを打ち、相手を追い詰めるのが目的だから、できるだけ「積極性＆攻撃性の高い」ショットを優先的に練習するといいだろう。

場面ノック

戦術を意識した場面ノック①

ねらい

Menu **068** スマッシュ&ストレートダッシュ&ネットでたたく

習得できる技能 ▶ オフェンス力

回数 10回×数セット
対象レベル ビギナー〜トップ

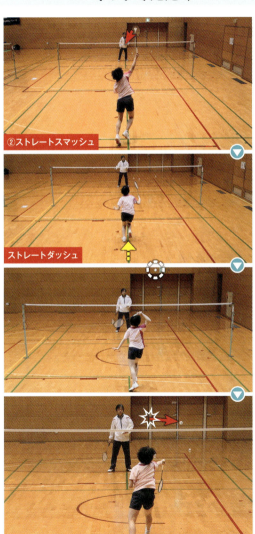

②ストレートスマッシュ
ストレートダッシュ
④たたく

やり方

フィーダーは対面するコートに立ち、❶球目を後方にロビング、❸球目でネット前にゆるく甘いチャンスボールを出す。練習者は、❷球目をストレートスマッシュ、❹球目をたたく。❷球目のスマッシュでつまずいてしまう場合は素振りにする。

▼シチュエーション

自分で仕掛けたシャトルを決め球に持っていく場面を想定したノック。

▼バリエーション

フィーダーは❸球目をフォア側だけでなくバック側にも出す。

ポイント

練習者は❷球目を打ったあと、ダッシュまたはダッシュ&クロスビハインドステップを使ってネット前に移動する。

場面ノック

ねらい 戦術を意識した場面ノック②

Menu 069 スマッシュ＆ストレートダッシュ＆切り落としヘアピン

習得できる技能
- 基礎固め
- ▶ オフェンス力
- ディフェンス力
- 応用力

回数 10回×数セット
対象レベル ビギナー〜トップ

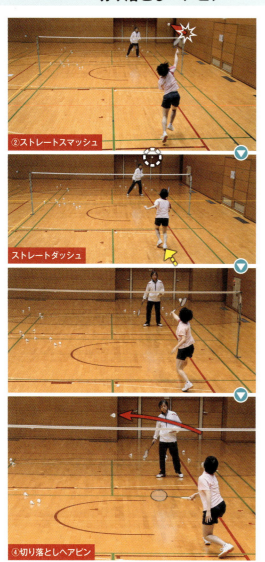

②ストレートスマッシュ

ストレートダッシュ

④切り落としヘアピン

やり方

フィーダーは対面するコートに立ち、❶球目を右奥にロビング、❸球目でゆるいリフト系の甘いヘアピンを出す。練習者は❷球目をストレートスマッシュ、❹球目で切り落としヘアピンを打つ。❷球目のスマッシュでつまずく場合は素振りにする。

▼シチュエーション

これはシングルスで多く用いられる有効なパターン。自分で仕掛けたシャトルを上から決めにいったが間に合わなかった場合、相手に攻撃させないような返球を優先させる。

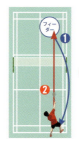 

🔶 ポイント

ダッシュでネット前に詰める

練習者は、ネット前に詰めるときはダッシュまたはダッシュ＆クロスビハインドステップを使う。

Point!
できるだけ高いポイントでタッチして、切り落とすように（浮かさないように）相手コートクロスサイドに落とす

場面ノック

戦術を意識した場面ノック③

Menu 070 スマッシュ&クロスダッシュ&スピンヘアピン

習得できる技能	▶ オフェンス力
回数	10回×数セット
対象レベル	ビギナー ～ トップ

②ストレートスマッシュ

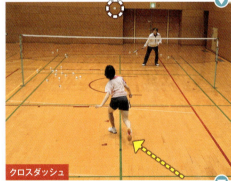
クロスダッシュ

④スピンネット

やり方

フィーダーは対面するコートに立ち❶球目を右奥にロビング、❸球目でクロスにゆるいリフト系の甘いヘアピンを出す。練習者は❷球目をストレートスマッシュ、❹球目はバックハンドでスピンヘアピンを打つ。❷球目のスマッシュでつまずいてしまう場合は素振りにする。

▼シチュエーション

シングルスで多用するパターン。仕掛けたシャトルを上から決めにいったが間に合わなかった場合、相手に攻撃させないシャトルを返球することを優先させる。相手をネットまで追い込み、ネットすれすれ、しかもスピンをかけることによって上方へのロビングを打たせラリーを「振り出し（自分が優位な状態）」に戻す。

⚠ ポイント

シャトルに回転をかける

普通のヘアピンはラケットを出してそのままヒットするが、スピンをかけようと思った場合は羽根の右側からコックにかかる部分を「こする」ようにして回転をかける。相手が返球してきたクロスのショートネットに対してはバックハンドでスピンをかけやすい。フォアハンドは、やや左に向けて打つと簡単にスピンがかかる。

場面ノック／ダブルス

ダブルスの戦術を意識した場面ノック①

習得できる技能
▶ 基礎固め
▶ オフェンス力
▶ ディフェンス力
▶ 応用力

Menu **071** プッシュ＆スマッシュ

回　数　10回×数セット
対象レベル　ビギナー━━━トップ

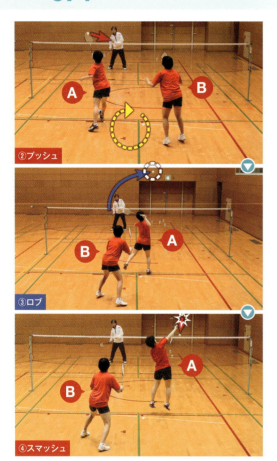

②プッシュ
③ロブ
④スマッシュ

やり方

フィーダーは対面するコートに立ち、❶球目でネット前に甘いチャンスボールを出し、❸球目はロブを上げる。練習者は❷球目をプッシュ、❹球目をスマッシュ（たたく）で決めにいく。練習コートには2人～4人が入り、順にノックを受ける。

▼シチュエーション
ダブルスのサービスから3本目（サービスを含めれば4本目）で決めるというパターンを想定。

ポイント 「次にたたく」

プッシュしただけでプレーを終えないこと。必ず「次にたたく」という意思を持つ。さらに自分のプッシュで相手のショットを限定しているので返球場所がわかりやすく、「壁打ち」のように反応できるはず。

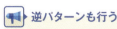 逆パターンも行う

フォアのプッシュからラウンドのスマッシュというパターンも練習する。

場面ノック／ダブルス

ダブルスの戦術を意識した場面ノック②

ねらい

Menu 072 ドライブ&スマッシュ

習得できる技能
- ▶ 基礎固め
- ▶ オフェンス力
- ▶ ディフェンス力
- ▶ 繋ぎ

回数 10回×数セット
対象レベル ビギナー〜トップ

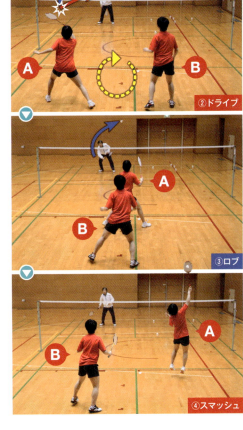

②ドライブ
③ロブ
④スマッシュ

やり方

フィーダーは対面するコートに立ち、フォアサイドまたはバックサイドにドライブのノックをする（❶球目）、練習者はドライブを打ち返し（❷球目）、フィーダーは逆サイドに短めのロブを上げる（❸球目）。練習者は、それに対しスマッシュで決めにいく（❹球目）。練習コートには2人〜4人が入り、順にノックを受ける。

▼シチュエーション

ダブルスでディフェンスをしながらドライブで詰めてネットを制するときに使う。

ポイント 頭を越える球は？

3球目が練習者の頭を越えるような場合は、すかさず後方にいる次の選手がそれに対応する。また、ドライブをクロスサイドに打つと「切り返し」からの攻撃（守備の局面から攻撃の局面への移行）ができる。これを取り入れる場合は、アシスタントフィーダーを入れたほうがいい。

逆パターンも行う

フォアのドライブからラウンドのスマッシュというパターンも練習しよう。

参照ページ
P90 アシスタントフィーダーについて

場面ノック

ダブルスの戦術を意識した場面ノック③

Menu **073** スマッシュ＆スマッシュ

習得できる技能	▶ 基礎固め ▶ オフェンス力 ▶ ディフェンス力 ▶ 応用力
回数	10回×数セット
対象レベル	ビギナー〜トップ

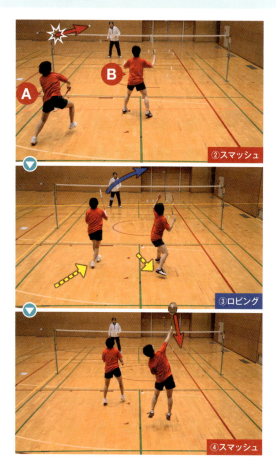

②スマッシュ
③ロビング
④スマッシュ

やり方

フィーダーはフォア奥またはバック奥にロビングを上げる(❶球目)、練習者はスマッシュを打つ(❷球目)、それをフィーダーが逆サイドのコート中央あたりに短めのロビング(❸球目)。練習者は跳びつきながらスマッシュを打つ(❹球目)。

▼シチュエーション

トップに捕まらないように逆サイドに逃げてくる羽根を、パートナーが跳びつきスマッシュでたたき込むときに使う。

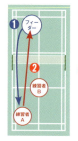 

ポイント　打ったら次へ

ダブルスのバックの選手がスマッシュを打った後その行く先を止まって見ることなく、「次、次」と積極的に羽根に跳びつくことが大切。

逆パターンも行う

フィーダーがサイドを替えて、逆サイド側からのノックでも同様に行う。

ノックのメニュー設定

ノックメニューの設定は下の①と②と③の掛け算で考える。つまりラリーでのある局面を想定し、さらに習得したいショットを明確にした上でフィーダーがシャトルを出す。どの場所で、どのようなショットを、どのようなフットワークで打たせたいかによって、フィーダーのフィード方法も変わってくる。

ノックの構成

【提示】フィーダーが どのようにノックするか	手投げ	➡	下手投げor上手投げetc
	ラケット	➡	高くor低くetc

【課題】それに対して プレーヤーは どのように動くか	前へ	➡	1歩or2歩etc
	後へ	➡	トントンorトトンorトンorクロスビハインドetc

【課題】どこで、どのような ショットを打つか	前で	➡	たたきor切り落としorスピンor逃げetc
	後で	➡	スマッシュorクリアーorカットorドライブetc

▲大きくコートを四隅のそれぞれの場面に分けて設定した表（P75、P77、P79、P81）を参考にし、選手には練習の目的を明確に伝え、またフィーダーには最適なフィード方法で行うように伝え、練習に取り組むといいだろう。

Extra

選手と指導者のニーズをすり合わせながらノック練習をやろう！

常に実際のラリーを想定してノック練習を行います。つまり、相手はどのようなショットを打ってくるかを「提示」します。それに対する①移動方法、②打つショットの球種、コース、力加減の「二つの課題」を明確に伝えながらノック練習を行います。

役割ノック

「役割ノック」で練習の効率を上げる

習得できる技能
▶ 基礎固め
▶ オフェンス力
▶ ディフェンス力
▶ 応用力

さらに実戦に近い状況でシャトルを打つために、パターン練習に近いノックを行う。実際のラリーを想定して行うので、フィーダーが移動して行っても構わないが、それができない場合はフィーダー側にアシスタントフィーダーを置いて役割を決めると、全体の流れがスムーズになり、部員数の多いチームでも効率よく練習が行える。

Menu 074 アタッキングロブ＆スマッシュ（シングルス）

回数 10回×数セット
対象レベル ビギナー〜トップ

やり方

フィーダー A がフォア前またはバック前へショートネットを打ち（❶球目）、練習者はそれをネット上段で（高い打点で）とらえ、逆サイドのバック奥またはフォア奥へ低く鋭いアタッキングロブを打つ（❷球目）。その場にいるアシスタントフィーダーがストレートに甘いクリアーを打ち（❸球目）、それに対して練習者がスマッシュを打つ（❹球目）。

▼シチュエーション

シングルスのラリー中に攻撃によってネットをつかみ（主導権を握り）、さらに逆サイド奥に追い込む。ストレートに逃げてきたクリアーの落下点に素早く入って跳びつき、強力なスマッシュを放つ。

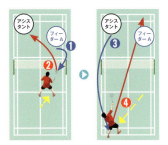

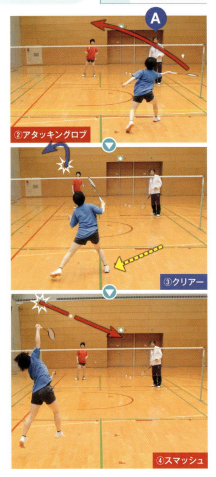

ポイント　ネット際の高い打点で

練習者はできるだけネット際の高い打点でとらえ、相手の足を止めるようなフェイントをかけながら追い込む。アタッキングロブはストレートに打ってもよい。同時に逃げてくるクリアーがクロスでもよい。また、アシスタントを置かず、フィーダーは1人で行っても構わない。

役割ノック

パターン練習の基礎作り①

Menu 075 クリアー&スマッシュ（シングルス）

習得できる技能	▶ オフェンス力
回数	10回×数セット
対象レベル	ビギナー〜トップ

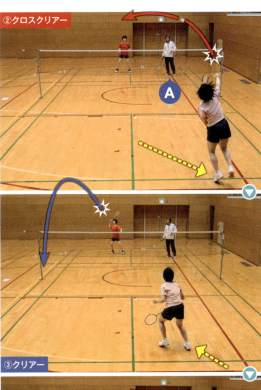

②クロスクリアー

③クリアー

④スマッシュ

やり方

フィーダー A がフォア奥またはバック奥へロングロブを打ち（❶球目）練習者は逆サイドへクロスクリアーを打つ（❷球目）。その場にいるアシスタントフィーダーがストレートに甘いクリアーを打ち（❸球目）、練習者がスマッシュを打つ（❹球目）。

▼シチュエーション

シングルスのラリー中に後方からより高くより前方でとらえた攻撃的なクロスクリアーで相手を追い込み、ストレートに逃げてきたクリアーの落下点に素早く入り、または跳びつきで強力なスマッシュを放つ。

ポイント 高く前で

練習者はできるだけ高く前方の打点でとらえ、相手の頭を抜くようなフェイントをかけたクリアーを放つ。応用としてクリアーをストレートに、逃げてくるクリアーをクロスにしてもよい。またアシスタントを置かず、フィーダーは1人で行っても構わない。

役割ノック

パターン練習の基礎作り②

Menu 076 **カット＆スマッシュ（シングルス）**

習得できる技能
▶ 基礎固め
▶ オフェンス力
▶ ディフェンス力
▶ 応用力

回数 10回×数セット

対象レベル ビギナー〜トップ

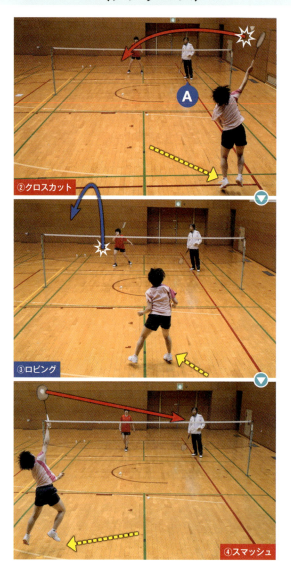

②クロスカット
③ロビング
④スマッシュ

やり方

フィーダーAがフォア奥またはバック奥へロングロブを打ち（❶球目）、練習者は逆サイドへクロスカットを打つ（❷球目）。その場にいるアシスタントフィーダーがストレートに甘いロビングを打ち（❸球目）、練習者がスマッシュを打つ（❹球目）。

▼シチュエーション

シングルスのラリー中に後方から攻撃的なクロスカットで相手を追い込み、打点を下げさせストレートに逃げてきたロビングに対し強力なスマッシュを放つ。

ポイント

相手をだますフォームで

練習者はスマッシュやクリアーを打つと見せて相手の目をだますようなカットを打つ。応用としてカットをストレートに、逃げてくるロビングをクロスにしてもよい。またアシスタントを置かず、フィーダーは1人で行っても構わない。

役割ノック

パターン練習の基礎作り③

ねらい

Menu **077** スマッシュ&スマッシュ（シングルス）

習得できる技能	▶ 基礎固め

回数 10回×数セット
対象レベル ビギナー〜トップ

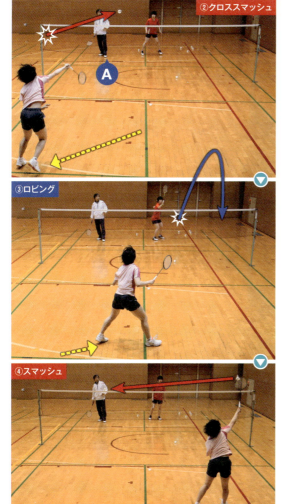

②クロススマッシュ
A
③ロビング
④スマッシュ

やり方

フィーダーAがフォア奥またはバック奥へロングロブを打ち（❶球目）、練習者は逆サイドへスマッシュを打つ（❷球目）。その場にいるアシスタントフィーダーがストレートに甘いロビングを打ち（❸球目）、それに対して練習者がスマッシュを打つ（❹球目）。

▼シチュエーション

シングルスにおけるスマッシュに対するロングリターン対策。後方に「逃げた」と思う相手の意表を突くような攻撃をするシーンで用いられる。

ポイント

リターンを見定める

練習者はスマッシュを打ったあと、すかさずそのロングリターンに対応する。スマッシュを打ったあとにすぐに前方に出すぎないように、**打ったあと一歩目でそのリターンの見定めをする**。スマッシュをストレートにしてロビングをクロスに返す応用も行う。またアシスタントを置かず、フィーダーは1人で行っても構わない。

つなぎ練習

「つなぎ練習」でラリー力を鍛える

返球率を高め、ラリー力をつけよう！

ノック練習をラリーに近づけていく練習として「パターン練習」があるが、ノックからいきなりパターン練習へと移行するとミスが頻発し、練習の効率が悪くなるというケースがある。そこで、その移行期の練習として「つなぎ練習」を取り入れるといいだろう。「つなぎ練習」は練習者がフィーダーにシャトルを返すように努め（つなぎ）、徐々にフィーダーが練習者を動かしてラリー力を鍛えていく。

「2拍子」のリズムを覚える

この「つなぎ練習」の際に意識したいのが、「2拍子」のリズム。「①相手が打つ＝（自分が）構える→②打つ」というリズムを体で覚えよう。シャトルの飛んでくるスピード、高さ、距離が変わるとテンポは変わるが、「2拍子」のリズムということには変わりはない。

📣 指導のポイント！

まずは返球し、長く続けることを目的とする

長くラリーを続けることが練習量を増やすことになるので、まずはラリーを続けることを最優先しよう。そのためにフィーダー側に工夫が必要。最初はコート前方に立ってシャトルを出したほうが、テンポは速くなるが遠くに飛ばす力を必要としない分ビギナーには楽かもしれない。長く続けられるようになったらフィーダーは徐々に後方に下がり、距離のあるショットを打たせるようにするといいだろう。

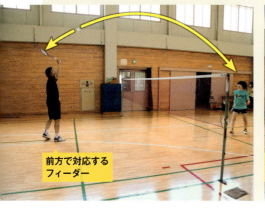

前方で対応するフィーダー

後方で対応するフィーダー

つなぎ練習

返球率を高める①

Menu 078　1点返し（ゆるく・ゆっくり）

習得できる技能 ▶ 基礎固め

回数　30秒〜2分

対象レベル　ビギナー〜トップ

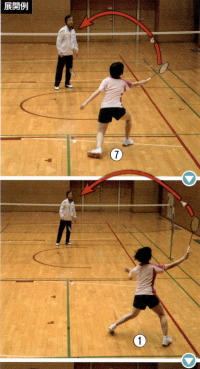

展開例

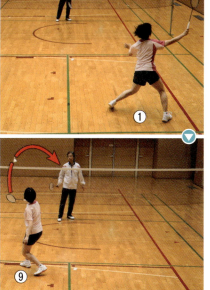

やり方

フィーダーはコート図内⑦に優しく置くようにシャトルを打つ。練習者はフィーダーに返球し、これを繰り返す。⑦からの返球が安定してきたら、⑨①③へもシャトルを打つ。最初はお互いに「ゆるく、ゆっくり」やろうと思い、徐々にフィーダーの球出しのタイミングやフライトの速さを増していく。

？なぜ必要？

正しくフットワークを選択する

これは、一般的に「オールショート」と言われている「シャトルを用いたフットワークの練習」。入念に行えば、相手のシャトルのフライトに合わせたフットワークの選択ができ、タイミング、テンポの変化に足が自然と合うようになる。

ポイント

練習者は各コースに飛んでくるシャトルのフライトに合わせてフットワークを選択する。

追い込まれていない場合は継ぎ足

追い込まれた場合はクロスビハインド

参照ページ　P60 コート上に番号を振って覚える

つなぎ練習

ねらい 返球率を高める②

Menu **079** 1点返し（強く・速く）

習得できる技能
- 基礎固め
- オフェンス力
- ディフェンス力
- 応用力

回数 30秒～2分
対象レベル ビギナー〜トップ

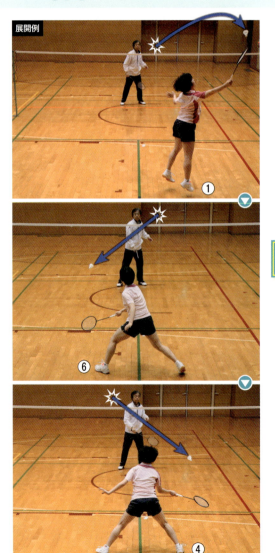
展開例
①
⑥
④

やり方

フィーダーはさらに低く速いアタッキングロブのようなショットで練習者を追い込んだり、ネット上からスマッシュを意識したサイドやボディーへのプッシュを打ったりして追い込む。

？なぜ必要？

守備の局面を練習

シングルスの守備の局面をミニチュアにしたような練習。サイドへのスマッシュなどの攻撃への対応、後方への追い込まれたショットへの対応などに使う。

ポイント

攻撃的に球出しする

フィーダーはネットにより近づいて攻撃的にならなければならない。しかし、遠慮なくたたくと練習にならないので最初は優しく、徐々に速くするといいだろう。

参照ページ
→ P60 コート上に番号を振って覚える

つなぎ練習

返球率を高める③

Menu 080 1点返し（ゆるく・大きく）

習得できる技能	▶ 基礎固め
回数	30秒〜2分
対象レベル	ビギナー〜トップ

展開例

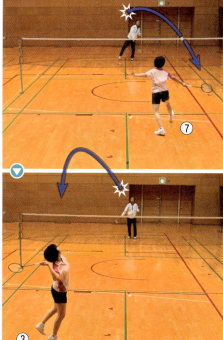

やり方

フィーダーはコート後方のセンターから、練習者の四隅に向けてクリアーやドロップ、カットをまんべんなく打つ。練習者はセンターから移動し、的確にフィーダーに打ち返し再びセンターに戻る。慣れてきたら、フィーダーは立ち位置を左右に変えて行う。

❓ なぜ必要？

粘り強さを身につける

いわゆる「オールロング」だが、粘り強いシングルスを目指す上では欠かせない練習である。シングルスの「骨格」と言える。

🔺 ポイント

タイミングを体得する

Menu78、Menu79のようにネット付近から出されるより「テンポ」は遅くなるが、初動の一歩が難しくなるのがこの練習。センターで構えた後の「重心の移動方法（落とす、回す、弾ませる）」を意識しながら、フィーダーのラケットに当たる瞬間の「構え」を研究し、タイミングを体得できるまで練習を重ねるべきだ。

➡ 参照ページ **P47** 重心移動する

column

伸び悩みはだれにでも訪れる成長の『踊り場』
スランプ脱出を支えるのは指導者との絆とプラスの言葉

　他人と自分を比べたり、また比べられたりして、やるせない思いを経験したことがあるでしょう。「他人と比べられても気にしてはいけない」と思っていてもなかなか看過できないものです。では、「自分と自分を比べる」ということについてはどうでしょうか。

　バドミントンを始めたばかりのときは、できないことができるようになり、日に日に上達していくものですが、ある日、その成長がわからない日が訪れ、「伸び悩む自分」を感じたりします。言い換えると、成長段階にある「踊り場」のことだと思います。わずかに成長はしているものの、その度合いは小さくなり、自分で確認することが難しくなる時期です。他人と比べられているわけではありませんが、これもつらいものです。

　当たり前のことですが、成長を表すグラフがあるとすれば、直線的に「右肩上がり」が続くことはあり得ません。それはどんな競技でも同じでしょう。上級者あるいは熟達していけばいくほど、自身の成長の度合いは限りなく小さくなっていきます。スモールステップで成長が自覚できないのでフラストレーションが生まれ、それがスランプにつながります。最近であれば何事もすぐにインターネットで検索し、情報不足を解消しようと試みることもできますが、それがすぐに問題解決につながるというわけではなく、逆に不安をあおられることもあります。

　このような「伸び悩み」を感じている選手を支えるのもまた指導者の役目でしょう。指導者は選手自身が感じる以上に選手を観察しているもので、よく観察している指導者だからこそ、そこで適切な言葉を投げかけられるのです。

　指導者は「こうだからダメだ」という否定的な言葉を使いがちですが、選手が待っているのは「こうすればいい」というプラスの言葉です。もちろん、否定がすべてよくないといえるほど簡単ではなく、スランプ脱出には時間がかかるのも事実。選手も指導者も葛藤していくことになるでしょう。当然、成長していくためには、地道な努力が必要になるのです。そして、情熱を持ってその努力を続けた選手こそ、いつしか打てなかったショットが打てるようになったり、動かなかった足が一歩動けるようになったりするはずです。

　そのときには、指導者のみなさんは選手の努力や情熱をほめてほしいと思います。ぜひ、プラスの言葉を投げかけて、選手の背中をさらに押してあげてください。

第4章
ダブルス

ダブルスで大切なのは2人による「組織力」。
ここではダブルスで組織力を向上させるための技術を身につけ、
戦術のもととなる部品を作ることから始めよう。
それぞれの役割にスポットを当てたメニューを紹介する。

戦術

バドミントンの戦術をマスターする

ネットを制するVS粘り強く

試合で、よりよいプレーをするための必要な4要素として「体力」「技術」「心」「戦術」が挙げられる。いずれも重要だが、特にダブルスでは「戦術」の占める割合が大きくなる。ダブルスの戦術をより理解するためにも、まずはシングルスを含めたバドミントンの戦術を学ぼう。

戦術＝何をどこに打つのかを意識付けする

バドミントン競技の特性や規則を理解することは戦術をマスターする上で大きなカギになる。シャトルの特性やコートの広さ、ポイントやゲームの仕組みを踏まえて、効果的な戦術（＝どこに何を打つのか）を考えていこう。

ネット付近からの強打
➡相手コートに早く落とす

対立する概念の共存

相手より1本多く返球する
➡時間制限なし

●効果的な戦術①
ネット際からの強打で決める
シャトルは打球後に失速する特性を持つので、失速前に強打で決めるという戦術が考えられる。つまり、得点の確率はネットに近いほど大きくなる。このとき、自分でポイントを決めにいくことが必要になる。

●効果的な戦術②
相手より1本多く打ち続ける
バドミントンは時間制限のない競技。時間をかけたとしても、相手より1本多く打ち続けることで自分がポイントを獲得することができる。

📢 指導のポイント！

「どうやって勝とうと思ったのか？」を選手に聞いてみる

試合後などに選手が考えていた戦術を直接聞くと指導しやすい場合があるが、そのとき気をつけなければならないことがある。上記の戦術①と戦術②は、矛盾する考え方になる。一方では「ネット際からの強打で、いち早く勝負を決めろ」と言い、他方では「相手よりも1本でも多く（長く）ラリーを続けろ」と言っている。指導者はこの相反する2つの考え方の両方を受け入れながら指導しなければいけない。戦術①「攻める」をねらうが戦術②「つなぐ」も意識する、または戦術②「つなぐ」をベースにしながら戦術①「攻める」を目指す。この考え方を頭に入れておくことが大切だ。

ダブルスの組織力を高めるためのヒント

2人で行うダブルスでは、個々の力がプレーの成果を表すものではなく、自分の役割とパートナーの役割を合わせて「1＋1＝2」にとどまらない成果を出すことも可能だ。それには、そのための組織力が必要とされる。

1 共通の目的を持つ

2人で実践しようとしている戦術について共通の意識を持とう。そのために、チーム内で共有できるフレーズを使う、ペア同士で通じる合言葉などを作っておくなどしてもいいだろう。

2 ルールと役割分担

●ルール

ルールとは自分がやらなくてはいけないこと、やってはいけないこと。ダブルスにおいてはそれぞれが「トップ」「サイド」「バック」と3役を臨機応変にこなさなくてはならないが、その都度自分がいまどの役で、何をしなければいけないかを理解しておくことが重要だ。

●役割

例えば、2人で守備をしなければならないときは、「サイド」と「サイド」の布陣（サイドバイサイド）になり、相手のトップにとられないように、がまんする。そして自分のコートに羽根が上がってきたら攻撃態勢になり（トップアンドバック）、「バック」はさまざまなショットでパートナーである「トップ」に羽根をまわす（打たせる）攻撃を行い、「トップ」役の選手はそれをたたいてラリーの終止符を打つ役割を担う。

●分担領域

さらに、2人の分担領域は、基本的には「2：2」の半々だが、ときには1人がコートの4分の1を受け持ち、残りの4分の3をパートナーが受け持つ「1：3」の領域分担も必要となる。「2：2」と「1：3」の使い分けはラリーの状況によるが、互いに声がけなどをしてよく慣れるようにしたいものだ。

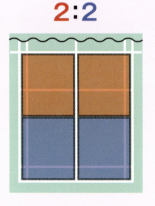
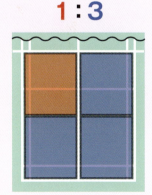

3 コミュニケーション

ペアはお互いに声をかけ合い、それぞれの役割を確認し合うようにしよう。お互いが言葉を交わさなくても戦術を分かり合え、実行できればいいが、ビギナーの場合はまずは言葉で確認していくのが第一歩だ。

ダブルスのラリー

ダブルスでのラリーの組み立て方

「ラリー」には起承転結がある。サービスから始まり、得点が決まるまでの流れを大きく分けると、3つのパーツから成り立っている。

サービスから数本のラリーのあとトップアンドバックもしくはサイドバイサイドになるまでを「イントロ」、ラリーの中心となる部分を「ボディ」、最後にポイントが決まる部分を「エンディング」というように考えると、戦術を理解してラリーを組み立てやすくなる。

ダブルスの練習では、まずはこのパーツごとの練習を行い、各パーツでのショットや動きを磨いていこう。

また、ビギナーが各パーツを練習する際には、まずはポイントを決めるエンディングから行うことをおすすめする。ポイントを終わらせるという最終局面のテクニックを身につけることで、その選手が成長する過程でより攻撃的なプレーができる可能性が広がる。

ラリーの構造

1 イントロ
サービスからトップアンドバック（サイドバイサイド）になるまで
→イントロの練習は P128〜132

2 ボディ
攻撃と守備を繰り返す、ラリーの中心部分
→ボディの練習は P112〜127

3 エンディング
ポイントが決まる部分
→エンディングの練習は P104〜110

エンディングノック

トップの役割＝ラリーを切る①

ねらい

Menu 081 手投げノック（甘い球・生きた球）
役割：トップ

習得できる技能	▶ 基礎固め ▶ オフェンス力 ▶ ディフェンス力 ▶ 応用力

回数　10回×数セット
対象レベル　ビギナー〜トップ

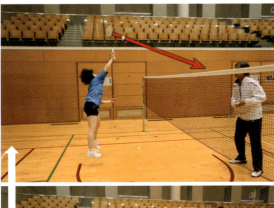

やり方

フィーダーは甘い球、生きた球をまぜて球を出し、練習者はそれをスマッシュまたはプッシュでたたく。

▼ シチュエーション

ダブルスの前衛がラリーを終結させる場面を想定したノック。

ポイント

ねじり込むように打つ

終結のチャンスを握ったときにミスをしやすい。力んで打点が落ちないよう右側へねじり込むようにたたく。

103

エンディングノック

トップの役割＝ラリーを切る②

ねらい

Menu 082 手投げノック（動いてたたく）
役割：トップ

習得できる技能
▶ 基礎固め
▶ オフェンス力
▶ ディフェンス力
▶ 応用力

回数 10回×数セット
対象レベル ビギナー〜トップ

やり方

フィーダーは2人。コートの両端から手投げで球を出し、練習者はそれに対して動いてフォアとバックでたたく。フォア・バック交互に行う。

▼シチュエーション

ダブルスの前衛がラリーを終結させる場面を想定。1本で決めきれなくても、ネット前で動いて決める。

ポイント

少しずつ球出しのテンポを上げる

トップの連続性のある攻撃の実践。バック側はバックハンドも使う。フィーダーはたたきやすい羽根上げをしながら、少しずつテンポを上げてトップを追い込む。

エンディングノック

トップの役割＝ラリーを切る③

ねらい

Menu 083 **前衛ノック（連続して打つ）**
役割：トップ

習得できる技能	▶ 基礎固め
	▶ オフェンス力
	▶ ディフェンス力
	▶ 応用力

回数	10回×数セット
対象レベル	ビギナー〜トップ

やり方

フィーダーは対面するコート奥からラケットでシャトルを左右交互に速いテンポで出す。練習者はそれに対しネット前で動きながら、ときには跳びついてシャトルをたたく。

▼ シチュエーション

ダブルスの前衛がラリーを終結させる場面を想定。相手の速い切り返しにも対応して決めきる。

ポイント

打ったあとすぐに次の球に備える

速い球出しではラケットを振りきる時間がないので、高い打点をキープし、打ったらラケットを素早く振り戻し、すぐに次の球を打つための準備をしよう。

エンディングノック

トップの役割＝ラリーを切る④

ねらい

Menu **084** ノック（ランダムに打つ）
役割：トップ

習得できる技能
- 基礎固め
- オフェンス力
- ディフェンス力
- 応用力

回数　10回×数セット

対象レベル：ビギナー〜トップ

展開例

やり方

フィーダーは対面するコート奥からラケットでネット際や、やや後方などさまざまなコースへシャトルを出す。このとき、フィーダーは速いテンポで出す。練習者は速いシャトルに対してネット前で動き、跳びつきながらシャトルをたたく。

▼シチュエーション

ダブルスの前衛がラリーを終結させる場面を想定。相手のさまざまな球に対応して決めきる。

ポイント

安定するまで行う

サービスラインの前のエリアを全般的にカバーする練習。「前に移動しながらたたく」「後ろに下がりながらたたく」が安定するまで行う。

試合に勝つためのダブルス戦術の考え方と練習のステップ

練習は、試合での目標を考えて組み立てることが、効率につながる。そこで、ダブルスの試合で勝つためには何が必要か、まずは考えてみる必要があるだろう。

ダブルス戦術A

● バック（後衛）が攻撃し、トップ（前衛）が決める→決める／勝つ

プレー面での目標
↓
ネット付近から強打し、相手コートに羽根を落とす

ダブルス戦術B

● サイドバイサイドで相手のトップ（前衛）にとられないように粘り強く返球する

プレー面での目標
↓
相手より1本多く返球する

　すでにこの章の冒頭で話したように、勝つための戦術を大きく分けると、上記の2つとなる。この2つの戦術は、一方ではリスクを冒しても「攻める」ことを目標としており、もう一方はできるだけリスクを冒さず「守る」ことを目標とし、これらはまったく異なる目標となる。2つの能力を同時に向上させていくことができればいいが、練習時間に限りもあり、両立が難しいところでもある。
　そこでダブルスでの種目特性を考えてみよう。コートに入る人数（2＋2で計4人）を踏まえても、どちらかといえば攻撃的にプレーをしたほうが、ポイントが取りやすいということがわかる。つまり、ダブルスの第一の練習目標としては、攻撃的なプレーの仕方をより多く覚えていくことになる。ダブルス練習でのステップとしても、まずは『エンディング』つまりポイントを決めていく局面から取り組んでいくのがいいのではないだろうか。

2人で行うエンディングノック

バックがチャンスを作りトップが決める①

ねらい

Menu **085**　A→Aノック

- ▶ 基礎固め
- ▶ オフェンス力
- ▶ ディフェンス力
- ▶ 応用力

習得できる技能

回数　10回×数セット

対象レベル　ビギナー〜トップ

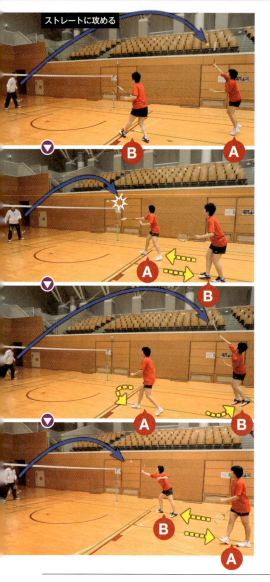

やり方

コートに練習者2人（A、B）が入り、フィーダーはコート奥にシャトルを上げ、Aは上がってきたシャトルをストレートスマッシュ。フィーダーはストレートまたはクロスのネット前に返球。Aは前に出てプッシュでたたく。同様にフィーダーがクロスサイドに立ち、クロス方向へシャトルを上げ、Aがクロスに詰めるパターンも行う。慣れてきたらフィーダーはシャトルを出すテンポを上げていく。

▼シチュエーション

ダブルスで後衛がチャンスを作り、そのまま前に出ていき、決める場面を想定。

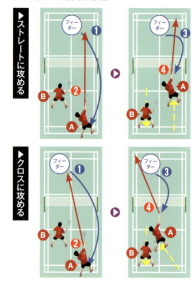

ポイント　自ら得点を決める

コート中央付近からAがチャンスボールを生み出してトップに上がり自らそれをたたき終結させる。Bは後方に下がりながらフォローするように回る。

2人で行うエンディングノック

バックがチャンスを作りトップが決める②

ねらい

Menu 086　A→Bノック

習得できる技能
▶ 基礎固め
▶ オフェンス力
▶ ディフェンス力
▶ 応用力

回数　10回×数セット

対象レベル　ビギナー〜トップ

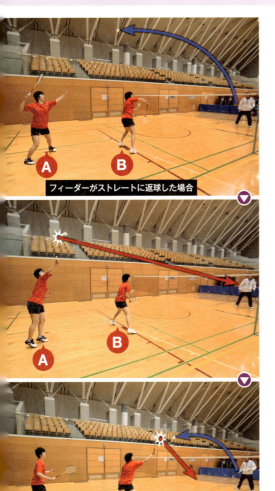

フィーダーがストレートに返球した場合

やり方

コートに練習者2人（A、B）が入り、フィーダーはコート奥にシャトルを上げ、Aは上がってきたシャトルをストレートスマッシュ。フィーダーはストレートまたはクロスに返球。この球をBがプッシュでたたく。ただし、Bがクロスの返球を予測できずに対応できなかった場合は、Aがフットワークを使って回り込んで打つ。

▼シチュエーション

ダブルスで後衛がチャンスを作ったあとの4球目までを想定。前衛が決められなかった場合は後衛が対応する。

▶フィーダーがストレートに返球した場合、Bが打つ

▶フィーダーがクロスに返球した場合、Bが予測できればインターセプトする。Bが対応できなかった場合はAが回り込んで打つ

🔶 ポイント　攻撃に加わる

練習者Aとフィーダーがつなぐ仮想線上にBが割り込むイメージで攻撃する。

2人で行うエンディングノック

バックがチャンスを作りトップが決める③

Menu **087** A↔Bローテーション

習得できる技能
- ▶ 基礎固め
- ▶ オフェンス力
- ▶ ディフェンス力
- ▶ 応用力

回数 10回×数セット
対象レベル ビギナー〜トップ

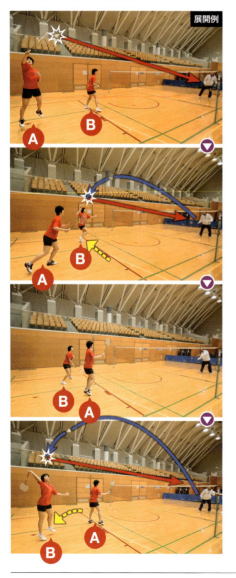

やり方

コートに練習者2人（A、B）が入り、フィーダーはコート奥にシャトルを上げ、Aは上がってきたシャトルをストレートスマッシュ。フィーダーはストレートまたはクロスに返球。この球をBがプッシュでたたく。ただし、Bがクロスの返球を予測できずに対応できなかった場合は、Aがフットワークを使って回り込んで打ち、このままコースはランダムとしてノックを続ける。球のコースによって、左右の入れ替わりと前後の入れ替わりを行う。フィーダー側は、最初は、AとBがぶつかるのを避けるため、ゆっくりとシャトルを出すようにする。

▼シチュエーション

相手からの返球によって臨機応変に動き、またパートナーとのポジショニングを意識しながら動く。

ポイント

意思表示を声に出す

A→AとA→Bの複合練習。AとBはお互いに「ハイ！（自分が打つ）」「お願い！（相手に任せる）」といったように、意思表示を声に出して行うように心がける。

ダブルス編

高瀬秀雄の **Try Again**

ダブルスのゲームでは戦術が占める割合が大きく、中でも組織力がものをいいます。組織力をアップさせるためには、まずは役割をはっきりさせてコミュニケーションをとることが大切です。それぞれが自身の役割を果たさないと、ダブルスとして機能しなくなるだけでなく、2人の間の人間関係にまで影響を及ぼすこともあります。

✘ 起こりやすいミス!

役割がはっきりしていない、コミュニケーションがとれていない例

> 相手からの返球のタイミングに合わせて、空振りでもいいので実際にラケットを振ってみよう

トップが果たさなければならない役割を果たさず、無反応に立っている。トップは自分の打てる羽根が来てから振ろうと思ったのでは遅い。常に自分に羽根が来るのではないかと構え、ラケットを振りながら待つ。

2人の間に来た羽根はどちらがとるか迷うことが多い。まずは2人の守備範囲をあらかじめ決めておくことが大切だが、その守備範囲は重複するようにしてお互いにカバーし合う。ただし、お互いに広い守備範囲を設定しておくとラケットがぶつかることも当然あるので、声をかけ合うことも大切だ。

バックがスマッシュを打ったあと、トップがストレートを張っているときにクロスに切り返されたケースで、バックがカバーしきれていない。試合でもよく見かけるが、こういったケースを想定して練習しておかなければならないので、下の改善方法で詳しく解説する。

改善方法!

トップの位置確認と声がけでカバーする

このケースでは、すでにトップの横をシャトルが通り過ぎているため、トップがシャトルを返球するのは難しい。つまり、これはバックがカバーする必要があるが、それ以前にバックはスマッシュを打つ際にパートナーであるトップがどこにポジショニングしているかを確認しておくことが大切だ。「トップが自分と同じサイドにいる（ストレートを張っている）」と確認したら、「サイドは自分がカバーする」と頭に入れておくこと。それにより相手ペアからサイドに切り返されたときにも対応できるようになる。前提として、バックの選手はトップの選手を視界に入れておくことができるが、トップの選手はバックの選手を見ることができないので、トップの動きにバックが合わせる（逆側をカバーする）ように動くこと。また、トップの選手はバックの選手の動きが見えない中でも、切り返されて逆を突かれたときやどちらがとるべきか微妙な羽根が来たときなどは「お願い!」など声をかけたりバックに合図を送ったりすることも大切だ。

ダブルスのバック

ダブルスでのラリーの組み立て方

攻撃局面を支えるバックの役割は大きい

バックの役割は、ラリーの構造内のボディ部分となる。このラリーのボディでは、いかに攻撃して、最後のエンディングにつなげるかがテーマ。ただし、自分のスマッシュで決めようとするのではなく、パートナーである味方のトップ（前衛）にうまくチャンスボールが上がるように考えて打つ必要がある。

バックが考える要素は「力」「逆」「迷」

バック（後衛）がラリーを行う上で心がけることとして、相手を「力で押す」「逆を突く」「迷わせる」という3つがある。「力で押す」というのは、強いスマッシュを打つことを意味する。2つめの「逆を突く」というのは、「力で押す」パワースマッシュを打つと見せかけてクリアーを打ったり、さらにその逆を行ったりと相手の意表を突くこと。そして、3つめの「迷わせる」は、ダブルスならではのテーマになるが、相手ペアの2人が、どちらが打つべきか迷うようなコースを選択しながら打つということだ。

 指導のポイント！

まずは左右に打ち分けられるように

ビギナーにいきなり上記の3要素をラリーの中で使えといっても、まだ相手の構えや立ち位置を把握できる段階に達していないので難しい。最初はまずノックで左右に打ち分けるところから始めるといいだろう。次に肩口、ボディなど具体的にねらう場所に打ち分けさせ、徐々にねらったコースやエリアに打てるようにしていこう。

ラリーのボディ部分を構成する攻撃ノック

バックの役割強化法①

Menu **088** 1点ノック
役割：バック

習得できる技能	▶ 基礎固め ▶ オフェンス力 ▶ ディフェンス力 ▶ 応用力
回数	10回×数セット
対象レベル	ビギナー ─ トップ

▼やり方

フィーダーはネットを挟んでコート中央からシャトルをコート奥に上げ、練習者はスマッシュで打ち込む。指導者はターゲットを提示するとよい。練習者はそれに向かって「力で押す」イメージでたたき続ける。

▼シチュエーション

ダブルスの後衛での攻撃を想定。

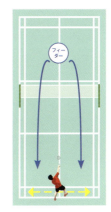

▼バリエーション

ターゲットを2つ（アシスタントレシーバーを2人にしてもよい）にしてその中間をねらうことで「迷わせる」感覚を養い、アシスタントレシーバーが構える逆サイドにスマッシュを打ち「逆を突く」練習を加えてもいい。

ラリーのボディ部分を構成する攻撃ノック

バックの役割強化法②

ねらい

Menu **089** 2点ノック（素振り&スマッシュ）
役割：バック

習得できる技能
▶ 基礎固め
▶ オフェンス力
▶ ディフェンス力
▶ 応用力

回数 10回×数セット
対象レベル ビギナー〜トップ

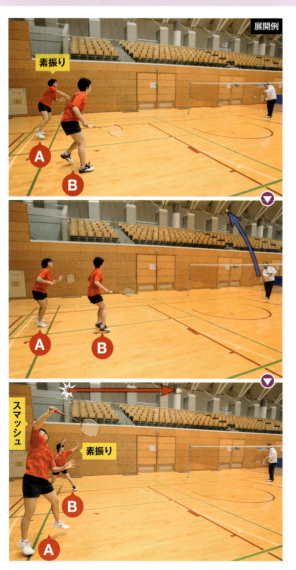

やり方

ダブルスペア2人でコートに入り、フィーダーはネットを挟んでコート中央に立ってノックを行う。ペアのうちどちらかが素振りをしたあとに、フィーダーは球をコート奥に出し、ペアのいずれかがそれをスマッシュ。そのタイミングでパートナーは素振りをし、次の球に備える。

▼シチュエーション
ダブルスの後衛での攻撃を想定。

▼展開例

ポイント

しっかり素振りする

ビギナーにとって、移動してショットを打ち続けるのは、最初は難しい。次ページで紹介する2点ノックの前段階として、素振りをしてからのノックを取り入れてみよう。1本目の素振りをいい加減にせず、フィードされたフライトの高さに合わせたフットワークで落下点に入り込み、打点を落とさずに打つ。

ラリーのボディ部分を構成する攻撃ノック

バックの役割強化法③

Menu 090 2点ノック（スマッシュ＆スマッシュ）
役割：バック

習得できる技能
▶ 基礎固め
▶ オフェンス力
▶ ディフェンス力
▶ 応用力

回数 10回×数セット
対象レベル ビギナー〜トップ

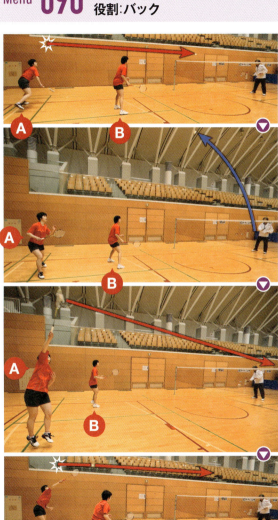

やり方
ダブルスペアでコートに入り、フィーダーはネットを挟んでコート中央に立ってシャトルをフォア奥、バック奥に交互に上げる。練習者はそれぞれフットワークを使って移動し、フィーダーから上げられたシャトルをスマッシュで打ち込む。

▼シチュエーション
ダブルスの後衛での攻撃を想定。

▼展開例

ポイント
打点を落とさず打ち続けるスタミナを養う

ダブルスでは「サイドの動き」が頻繁に使われる。その連続性に対応できるフットワークと、打点を落とさずに打ち続けるスタミナを養う。

ラリーのボディ部分を構成する攻撃ノック

バックの役割強化法④

ねらい

Menu **091** 連続スマッシュ

習得できる技能
▶ 基礎固め
▶ オフェンス力
▶ ディフェンス力
▶ 応用力

回数 10回×数セット
対象レベル ビギナー〜トップ

▼展開例

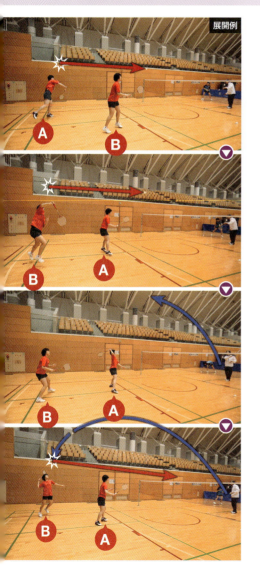

やり方

ダブルスペアでコートに入り、フィーダーはネットを挟んでコート中央の3カ所からシャトルをランダムに出す（フィーダーも位置を変える）。コート後方だけでなく、さまざまな位置に上げるようにし、ペアはこれに対してシャトルに近い位置にいる選手がスマッシュを打つ。ただし、ノックのテンポは実際のスマッシュの返球のようにタイミングを合わせる。スマッシュを打つコースは、指定して行ってもいいが、指定しなくてもいい。

▼シチュエーション
ダブルスの攻撃局面を想定。トップ&バックに限らない。

▼展開例

▼バリエーション
ローテーション攻撃（トップアンドバックの位置をお互いにかえる）で、2人でポジションをかえながらスマッシュを打つというやり方で行ってもいいだろう。

ポイント

声をかけ合って
どちらが打つかを明確にする

お見合いしないようにお互い声をかけ合って行う。2人でシャトルを追う場合も出てくるので、衝突を避けるためにも声をかけ合うことが大切になる。

ダブルスの後衛からの攻撃
効果的なコースを考える

▶センターから攻撃するときの「2人の間」

● 「2人の間」は変わる

「2人の間」とは相手のポジションによって変わってくる。つまり、攻撃側が打つポジションによって、相手は同じサイドバイサイドでもポジションを変えるので、当然ねらう「2人の間」も変わる。

▶右奥から攻撃するときの「2人の間」

▶左奥から攻撃するときの「2人の間」

「2人の間」に打つときは、ややクロス気味に打つのが有効

　ダブルスにおいて、スマッシュの効果的なコースとしてまず挙げられるのが、相手ペアが迷いやすい「2人の間」というのは前述した。もう少し詳細に考えると、この「2人の間」というのは「コートの真ん中」とは限らない。実戦を行う中で、徐々に相手が迷いやすいコースがわかるようになってくるが、一般的にはややクロス気味に打つと有効なことが多いだろう（上図の下2つのケース）。

　ただし、相手によっては左利きの選手もいれば、得意不得意のエリアもあるし、常に動き、フォーメーションを変え、ローテーションもしている。そうした相手の状況や変化を考慮して、より有効なコースを考えていくことが必要となる。

　また、次に効果的なコースとしては「逆を突く」コースも挙げられる。ちなみに、「逆を突く」には、「構えの逆」と「読みの逆」の2つがあり、「構えの逆」は相手が構えている方向と逆のコースを突くこと、「読みの逆」は相手が予想しているであろうコースと逆に打つことだ。

ダブルスのサイド

サイドの役割と守備練習

習得できる技能
- ▶ 基礎固め
- ▶ オフェンス力
- ▶ ディフェンス力
- ▶ 応用力

攻撃力に匹敵する守備力を養成しよう！

ラリーのボディ部分での守備的な局面を想定する。相手に攻撃され、それをしのぐ場面では陣形はサイドバイサイドとなる。相手のトップ（前衛）につかまらないようなシャトルを返すことを心がけよう。

できるだけ相手に下からとらせるようにすると相手からの返球も甘くなる。その後は素早くトップアンドバックの陣形に移行。練習としては対人ラリーが効果的。生きた球を繰り返し打ち返せるように。

Menu 092 プッシュ＆レシーブ
役割：サイド

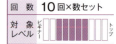

回 数　10回×数セット
対象レベル　ビギナー〜トップ

やり方

コート半面に2人入り、一方の選手はネット前からプッシュを打ち、もう一方の選手はバックバウンダリーライン付近でプッシュレシーブを打つ。

？ なぜ必要？

球をしっかり返す

サイドにおいて最も大事なのが球をしっかりと相手コートに返すこと。ラリーで繰り返し練習してコツをつかもう。

▼バリエーション

ラリーが続かない場合は、まずはコートの前方でレシーブに慣れるところから始めるといいだろう。

ポイント

特にバックを意識する

最初はゆるいプッシュに対し、返球できるところから始めよう。バックハンドでレシーブする場面が多いので、特にバックハンドを意識して練習しよう。

ラリーのボディ部分を構成する守備練習

ディフェンス強化法①

ねらい

Menu **093** ネット前でのスマッシュ&レシーブ
役割：サイド

習得できる技能
▶ 基礎固め
▶ オフェンス力
▶ ディフェンス力
▶ 応用力

回数 10回×数セット
対象レベル ビギナー〜トップ

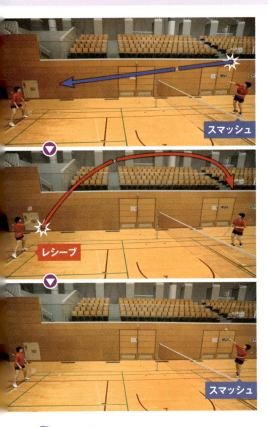

やり方
コート半面に2人入り、一方の選手はネット前からスマッシュを打ち、もう一方の選手はバックバウンダリーライン付近でスマッシュレシーブを打つ。

？なぜ必要？

距離を短くして慣れる
実戦ではコート奥から打たれるスマッシュをレシーブする場面が幾度となくある。ただし、ビギナー同士ではコート後方からのスマッシュ&レシーブではなかなかラリーが続かないことから、まずはネット前でのスマッシュとそれをスマッシュレシーブすることから練習しよう。

❗ポイント 力まないレシーブ
まずはゆるいスマッシュを返球することから始め、ラリーが続くようになったら速めのスマッシュに対してレシーブできるようにしていこう。レシーバーは力を抜いて、最初のうちはラケットを下から大きく振り上げて打つ。だんだんと小さく振って大きく飛ばせるようにする。

Level UP! コート奥からスマッシュ
次のステップとして、より実戦的なスマッシュレシーブの練習を行う。後方から打たれたスマッシュをダブルスのサイドバイサイドのポジションで打ち返す場面を想定し、コート奥からのスマッシュ&レシーブ。このとき、レシーブ側の選手はサービスラインとバックバウンダリーラインの間でスマッシュレシーブを打つ。

ラリーのボディ部分を構成する守備練習

ディフェンス強化法②

ねらい

Menu 094 ロングレシーブ&ドライブのパターン練習

習得できる技能
▶ 基礎固め
▶ オフェンス力
▶ ディフェンス力
▶ 応用力

回数 10回×数セット
対象レベル ビギナー〜トップ

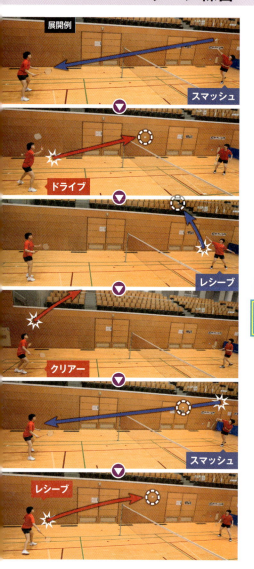

やり方

コート半面に2人入り、一方の選手がスマッシュを打ち、レシーバーはドライブで返球する。それをネットにつながずに、大きく後方へ。これを大きくクリアーで返球。再び打たれたスマッシュをロングレシーブ。ミスせずに繰り返す（スマッシュ→ドライブ→レシーブ→クリアー→スマッシュ→ロングリターン→繰り返す）

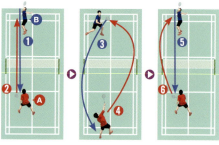

▲展開例
攻撃B　❶スマッシュ ❸レシーブ ❺スマッシュ
守備A　❷ドライブ ❹クリアー ❻レシーブ

❓ なぜ必要？

強いドライブで返球

ダブルスでは相手のスマッシュにドライブで返球し攻守の転換を図らなければならない。大きなリターンばかりでなく強いドライブで返球できるようにするための練習。さらに攻撃側もそのドライブに対して簡単にネットに逃げないで後方に押し返すクセもつけたい。

🔶 ポイント　ミドルに返球する

守備側の選手はレシーブをミドルに返球できるようにコントロールする。ロングレシーブを低めに返し、スマッシュが浮いたところをドライブで返球するといい。

ラリーのボディ部分を構成する守備練習

ディフェンス強化法③

Menu 095 レシーブの切り返しパターン練習

習得できる技能
- ▶ 基礎固め
- ▶ オフェンス力
- ▶ ディフェンス力
- ▶ 応用力

回数 10回×数セット

対象レベル ビギナー〜トップ

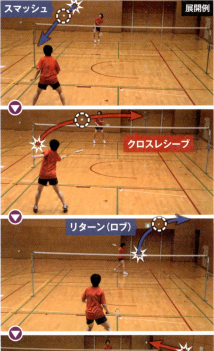

やり方

コート1面にAとBの2人が入り、Bのストレートスマッシュをaがクロス後方にリターン（レシーブ）する（切り返す）。Bがストレート後方に大きくリターン（ロブ）。Aのスマッシュをクロスレシーブして攻守を変える。これを続ける。

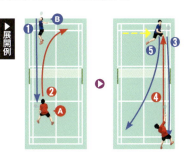

▼バリエーション

スマッシュをクロスに、リターン（レシーブ）をストレート後方に打ち、それをクロス後方に大きくリターン（ロブ）し、攻守を変える展開もある。

❓なぜ必要？

展開を変えるときに使う

ラリーの展開を左右逆転させるために使う。特に攻撃側が左右どちらかの半面に縦に布陣しているときは大変有効な一打になる。

🏸ポイント 切り返す手段を増やす

バックサイドはバックハンドで、フォアサイドはフォアハンド（簡単）とバックハンド（難しい）でも切り返せるように取り組もう。

ラリーのボディ部分を構成する守備練習

デフェンス強化法
（オールインワンレシーブ）

ねらい

習得できる技能	▶ 基礎固め ▶ オフェンス力 ▶ ディフェンス力 ▶ 応用力

回数 **10回×数セット**

対象レベル

Menu 096 レシーブのパターン練習

やり方

コートにAとBの2人が入り、以下の順でパターン練習を行う。
1. Aロングハイサービス
2. Bドロップ
3. Aプッシュ
4. Bネット前に返す
5. Aロブ
6. Bクリアー
7. Aスマッシュ
8. Bネット前に返す
9. Aロブ
10. Bスマッシュ
11. A低めにロングレシーブ
12. Bスマッシュ
13. Aドライブ
14. B後方にロングリターン
15. Aクリアー
16. Bスマッシュ
17. Aクロス奥にロブ
18. Bクロスにクリアー
19. Aストレートクリアー
20. Bスマッシュ
21. Aクロスにロングドライブ
22. B後方にロングリターン

ここで、AとBの役割を交代し、同様にラリーを行う。

Point!
まずはゆるいショットで打ち合い、ミスをせずに続けることを目標にする。ランダムに打たれても反応できることを目標に繰り返す

 なぜ必要？

反復練習でレシーブ力をつける

この練習ではダブルスのレシーブの技術、打つべきコースがすべて含まれている。繰り返し練習することで自然にレシーブ力が向上する。まずは、頭でショットの順を覚えていくのでもいいだろう。

ダブルスの戦術

戦術を意識してラリーを組み立てる

ラリーのボディ部分を構成するショットを動きながら打てるようになったら、実際のゲームで用いる戦術を意識しながらラリーを組み立てていく練習を行おう。ボディ部分の戦術である「逆を突く」「相手を迷わせる」「力で押す」を意識しながら、ラリーを行う。

Menu 097 半面ダブルスオールロング

回数 10回×数セット

対象レベル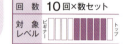

やり方

コート半面に1対1で入り、Aはスマッシュ、クリアー、カットで攻撃し、Bはクリアーやレシーブで返球。攻撃側はスマッシュを打つと見せかけてクリアーやカットを打ったりと相手の逆を突くショットを打つように心がける。Bは徹底して後方にロングリターンする（オールロング）。

カット　スマッシュ　展開例

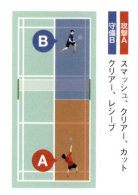

攻撃A：スマッシュ、クリアー、カット
守備B：クリアー、レシーブ

 指導のポイント！

攻めの基本はスマッシュ！ 逃げるためのカットは相手に読まれやすい

「カットを打っていい」と言うと選手はカットばかり打つ傾向にあるが、基本はスマッシュで攻めることが大切。また、スマッシュが打てない体勢だから逃げるためにカットを打つのでは、相手に簡単に読まれてしまうことにつながるので、指導側はその部分をチェックする。相手の逆を突く方法としては、相手の構えの逆を突く方法、相手の読みの逆を突く方法がある。

ラリーのボディ部分を構成する戦術

ディフェンス実戦強化法①

Menu 098　2対2の攻守（コースを突く）

習得できる技能
- ▶ 基礎固め
- ▶ オフェンス力
- ▶ ディフェンス力
- ▶ 応用力

回数　10回×数セット

対象レベル　ビギナー〜トップ

やり方

2対2でコートに入り、一方のペア（攻撃側）はドロップやカット、クリアー、そしてわずかにスマッシュを、「迷う」ゾーンと「逆」をつくゾーンに打ち続け、守備側は徹底して後方にリターンし続ける（オールロング）。

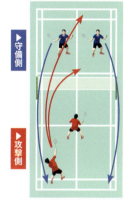

| 守備 | クリアー、レシーブ |
| 攻撃 | ドロップ、カット、クリアー、わずかにスマッシュ |

📢 指導のポイント！

オールロングから攻撃的なディフェンスへ成長させる

守備側は最初はすべて攻撃側後方に大きく返球し、次第にドライブ、切り返しなどを用いて攻撃的な守備をめざす。一方、攻撃側にとって相手が迷っているかどうかの目安は、打った瞬間に相手2人が同時に反応する（動く）かどうかで、わかる。

ラリーのボディ部分を構成する戦術

ディフェンス実戦強化法②

Menu 099 2対2の攻守（力で押す）

習得できる技能	▶ 基礎固め ▶ オフェンス力 ▶ ディフェンス力 ▶ 応用力
回数	10回×数セット
対象レベル	ビギナー ━━━ トップ

スマッシュ

スマッシュ

スマッシュ

やり方

2対2でコートに入り、一方のペアはスマッシュ、クリアー、カットで攻撃し、もう一方のペアはこれをクリアーやレシーブで返球。攻撃側はパワースマッシュ、ジャンピングスマッシュなど力で押すことを中心に、時折、カットやクリアー、ドロップなどをまぜる。

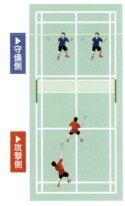

守備側
攻撃側

| 守備 | クリアー、レシーブ |
| 攻撃 | スマッシュ、クリアー、カット |

ポイント

威力を意識して打つ

攻撃側はパワースマッシュ、ジャンピングスマッシュなど、どのようにすれば強烈なスマッシュが打てるのかを意識しながら打つ。チェックポイントは、ラケットの握り方、左手の使い方、体の使い方。

ジャンピングスマッシュ
「強いスマッシュを打つ」

まずは強く打ちつけることに専念する。したがって持ち方はやや開いて厚く持ち、最初はサイドアームでも構わないので体の回転（大の円）を活用し（ドッジボールのサイドスローのように）、横から「ひっぱたく」ように打つ。次第に体を左側に傾けてスリークオーター、そしてオーバーヘッドにすると強く打てるようになる。フライトは浮いても構わない。次にジャンプと組み合わせる。ジャンプはその場ジャンプ（垂直跳び）を使い、より高く跳んだあとその落ちる力をラケットに伝える。

▌ポイント
女子は「トントン」のフットワークで強く打つ

最近は女子でもジャンピングスマッシュを打つ選手が多くなってきているが、ビギナーには難しいので、ジャンプでその場の足踏み（トントン）をして、足で生み出すパワーを体、腕、ラケットに一瞬で伝えるイメージで、より強力なスマッシュを打つようにする。

トン

トン

ジャンプ

▌サイドバイサイド側のポイント
トップにたたかれない

攻撃側を後方隅に追い込み、攻撃不能にすることが目標。しかし、簡単にそこまで上達しないので、適宜ショートリターンを用いてでも「トップにたたかれない」心がまえを貫く。

ダブルスの冒頭
イントロ（ラリーの冒頭）を強化する

ねらい

習得できる技能
▶ 基礎固め
▶ オフェンス力
▶ ディフェンス力
▶ 応用力

ラリーのエンディング（最後にポイントが決まる部分）、ボディ（ラリーの中心となる部分）に続いて、イントロ（ラリーの冒頭）を強化する練習を行う。

イントロ独特のラリーを意図的に再現できるフィーダーが必要となる。

Menu 100 つなぎ練習（小回し）

回数 10回×数セット
対象レベル ビギナー〜トップ

やり方
コート全面に選手2人（A、B）が入り、フィーダーはネットを挟んで対面するネット前コートの中央からネット前に球を出し、AとBは円を描くように動きながらこれを打つ。フィーダーが実際に打ち返し、ラリーの中で行うのがよいが、続かない場合は手投げノックでこれを再現するとよい。

▼シチュエーション
ダブルスでは互いに攻撃局面に持ち込みたいので簡単にはシャトルを上げない。ここでは、サービスのイントロ部分をイメージし、ネット前に落とす場面を想定して練習する。

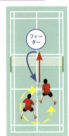

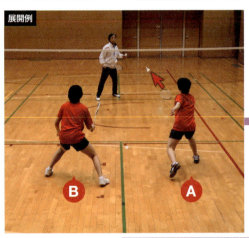
展開例

ポイント
ネットより上でタッチする
トップアンドバックでもサイドバイサイドでもない不安定な守備態勢をより攻撃の局面につなげるため、シャトルに対して積極的に反応し「必ずネットより上でタッチする」という心がまえで行う。

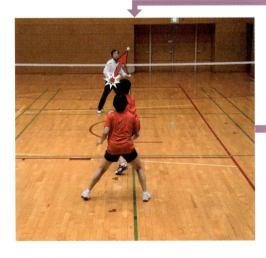

ワンポイントアドバイス

最初は1対1で
ゆっくりやってみよう

ビギナーはまずは1対1でネットを挟まずにヘアピン、ドライブを打ち合うことから始めてみよう。サービスから5本目までをイメージし、ゆるい球でミスなく続けることを心がける。大切なのはラケットを立てて行うこと。慣れてきたらネットを挟んでラリーを行おう。

イントロ（ラリーの冒頭）を強化する

ねらい イントロ事故防止策①

Menu **101** つなぎ練習（ドライブ回し）

習得できる技能
- ▶ 基礎固め
- ▶ オフェンス力
- ▶ ディフェンス力
- ▶ 応用力

回数 10回×数セット
対象レベル ビギナー〜トップ

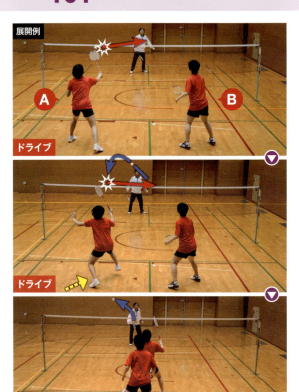

展開例
ドライブ
ドライブ
ドライブ

やり方

コート全面に選手2人（A、B）が入り、フィーダーはネットを挟んで対面するネット前コートの中央に立つ。Aがサービスを行い、そこからドライブで打ち合う。AとBは必要に応じてローテーションを行い、ラリーしながら続ける。

▼シチュエーション

ダブルスでは互いに攻撃局面に持ち込みたいので簡単にはシャトルを上げない。ここでは、サービスのイントロ部分をイメージし、ドライブで打ち合う場面を想定して練習する。

ポイント

打点を落とさずドライブを打つ

素早く羽根に対応できないと、どうしても打点が落ちてドライブが打てない。相手のコースを読みながら打点を落とさずに、また相手コート上に浮かさないように2人で声をかけ合って回り続ける。

イントロ（ラリーの冒頭）を強化する

イントロ事故防止策②

Menu 102　つなぎ練習（クイック回し）

習得できる技能
▶ 基礎固め
▶ オフェンス力
▶ ディフェンス力
▶ 応用力

回　数　10回×数セット

対象レベル

やり方

コート全面に選手2人（A、B）が入り、フィーダーはネットを挟んで対面するネット前コートの中央に立つ。Aがサービスを行い、そこからドライブ、ヘアピン、プッシュを使って打ち合う。AとBは上からたたける球が来たら前衛、後衛とも跳びつきスマッシュで決めにいく。

▼シチュエーション

サービスのイントロ部分から、ドライブやネット前で打ち合う場面を想定。甘い球に対しては上からたたいていくところまでイメージしよう。

フィーダーは、時に甘い球を出して、跳びつきのスマッシュをさせて集中力を高めさせるのもいいだろう

⚠ ポイント

守りのショットを打たないようにする

使う球種は基本的に①跳びつきスマッシュ②ドライブ③プッシュのいずれか。それ以外のアンダーハンドでの守りのショットを限りなく減らしていこう。

131

イントロ（ラリーの冒頭）を強化する

イントロを
ルーティンでしのぐ

ねらい

Menu 103 4球目ノック

習得できる技能	▶ 基礎固め
	▶ オフェンス力
	▶ ディフェンス力
	▶ 応用力

回数 10回×数セット

対象レベル ビギナー〜トップ

やり方

コートに練習者（A、B）が入り、フィーダーは対面するコート奥から球を出す。練習者Aはダブルスの前衛を想定し、フィーダーがネット前左右に出した球をたたく。ミドルに上がった球に対しては、Aの後ろにいるB（Aのパートナーを想定）がたたく。フィーダーの位置を逆サイドにしたり、前にしたりとバリエーションをつけて行うこともできる。3人以上で行う場合は、役割を順番に変える。

▼シチュエーション

ダブルスの実戦で **4球目を想定したノック**。練習者Aはレシーバーで、1球目（サービス）、2球目（Aのプッシュ）まで行ったという想定。フィーダーは3球目と想定される球を出し、AとBは対応する。

左右に球出し　Aがたたく

ミドルに球出し　Bがたたく

⚠ ポイント　自分のショットが作り出す状況を意識する

ビギナーのダブルスではサービスの直後でのミス率が高くなる。ある程度の「ルーティン」を身につけることを目標にする。また、トップ（前衛）の仕事は、落とす、押す、たたくの3つ。シャトルを落とした場合、ラリーの状況としては、相手との力関係が均等の状態となる。シャトルを押した場合は、その次にたたいて決めにいく必要がある。戦術的にそのショットがどういう状況を作り出すかを意識してプレーするようにしよう。

実戦的にダブルスのラリーを組み立てる

実戦的にダブルスのラリーを組み立てる

ねらい

習得できる技能
- 基礎固め
- オフェンス力
- ディフェンス力
- ▶ 応用力

ここまではラリーのパーツごとにラリーを組み立てたが、実際のゲームにより近い状況でラリーを組み立てて、実際に動いてみよう。うまくいかない場合はそれぞれの強化法に戻ろう。

Menu 104 ロングハイサービスからの2対2

回数 10回×数セット
対象レベル ビギナー〜トップ

やり方 2対2になり、ロングサービスからプレーを始め、ゲーム形式でポイントを取り合う。

ロングハイサービス

? なぜ必要？

ラリーのボディを確認する

どんな球を出したら前衛にタッチされるかなど、ポイントごとにラリーのボディ部分を確認していこう。ラリーの本論(ボディ)の部分からラリーを始める。攻撃側も守備側もトップにとられる場合をよく研究するといい。つまり攻撃側はいかにトップにまわすか、守備側はいかにトップに捕まらないかを互いに競い合う。

Menu 105 チャンスボールからの2対2

回数 10回×数セット
対象レベル ビギナー〜トップ

やり方 2対2になり、一方のペアからチャンスボールを上げ、そこからラリーを始めて、ポイントを取り合う。チャンスボールだからと言って一発で決まると思ってはいけない。

チャンスボールを上げる
スマッシュ

? なぜ必要？

エンディングで確実に決める

ラリーのエンディング部分で確実に決められるかどうか、打ったあとにもう1歩動いて準備をしているかなどを確認しよう。用心深く、チャンスボールが来たならば「ワン、ツー、スリー」の3球目攻撃を心がけよう。コート外のフィーダーからのチャンスボールで始めるとやりやすい。

実戦的にダブルスのラリーを組み立てる

ダブルスラリーの完成型①

ねらい

Menu **106** 2対2ゆるフリー

習得できる技能	
▶ 基礎固め	
▶ オフェンス力	
▶ ディフェンス力	
▶ 応用力	

回数	10回×数セット
対象レベル	ビギナー～トップ

やり方

2対2でコートに入り、ダブルスの実際のラリーを再現するが、強打は使わずにお互いに攻守をミスなく何度も繰り返す。つまり守備側は相手トップに羽根を触らせないようにドライブや落とすショットを使い、相手に羽根を上げさせて攻撃局面を作り上げる。

❓ なぜ必要？

ラリー力を養う

ビギナー、特に力の調節が難しい男子にとってラリーを続けるのは難しさを伴うもの。長くラリーを続けようとすることで技術的なポイントを確認しながら打つことができる。また、ラリー力を養うことにもつながる。戦術的には、粘って負けないラリーを培う練習でもある。

ポイント

長く続けることが目的

「ゆるく」打つというのは長く続けてほしいから。攻撃サイドはスマッシュは打たずに「迷い」と「逆」をドロップ、カット、クリアーを有効に使いながら打ち続ける。守備側はいつまでも守備を続けないように上手に相手にロブを打たせよう。

実戦的にダブルスのラリーを組み立てる

ダブルスラリーの完成型②

ねらい

Menu 107 2対3本気フリー

習得できる技能	▶ 基礎固め ▶ オフェンス力 ▶ ディフェンス力 ▶ 応用力
回数	10回×数セット
対象レベル	ビギナー ━━ トップ

展開例：スマッシュ／レシーブ／たたき／レシーブ

やり方

コートに2対3で入り、ダブルスのゲーム形式練習を行う。3人側は、前衛1人、後衛2人が入り、2人側は試合を想定してポイントを奪う。

? なぜ必要？

攻めるか粘るか使い分ける

試合を想定し、攻めて相手に勝つラリー、粘って負けないラリーを状況によって使い分けて勝利を目指すのが目標。相手が3人になることで、より負荷が大きくなり、チャンスでは攻撃的に攻めていくことが必要になる。トップにとられない粘り強い守備力も養う。

ポイント

積極的なディフェンス

この練習はどちらかと言えば2人の守備力を養成することに主眼を置いている。ただし、ただ単に守り、逃げ続けるわけではなく、**強烈なドライブ**などでより攻撃的に返球し、攻撃の局面である**トップアンドバックの布陣を作り上げること**が最も大切なポイント。

ダブルスのフットワーク

ダブルス専用のフットワークづくり①

ねらい

習得できる技能	
▶	基礎固め
▶	オフェンス力
▶	ディフェンス力
▶	応用力

ダブルスには頻繁に使われるフットワークがある。第2章で紹介したすり足や反復横跳び、クロステップなどがあり、ダブルスの練習のはじめにこれらをウォーミングアップとして取り入れると有効だ。また、戦術を意識した構えをすぐに作れるようにする。

Menu 108 跳びつき

回数 10秒×数セット
対象レベル ビギナー～トップ

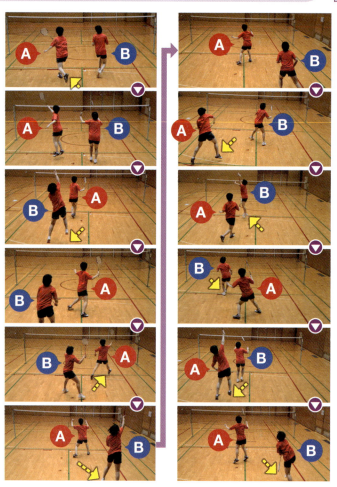

やり方

コート中央から1人（写真の場合A）が四隅のいずれかに跳びつき、前ならたたくあるいはプッシュを、後方ならばスマッシュを打つように動く。パートナーはすかさずセンターに立ち、（空いたスペース）3点をカバーする構えをし、3点のうちのいずれかに跳びつく。これを互いに繰り返し、打つと構えるを互いに意識しながら動き続ける。

ポイント

横への動きが多いダブルスでもフットワークは基本通り、1歩、2歩、すり足、継ぎ足、クロスビハインド、ジャンプなどを適宜使いこなす。ほかのダブルス用フットワークメニューとともに、1種目10秒として組み合わせて行っていこう。

ダブルスのフットワーク

ダブルス専用の
フットワークづくり②

ねらい

Menu **109** 指示フットワーク

習得できる技能
- ▶ 基礎固め
- ▶ オフェンス力
- ▶ ディフェンス力
- ▶ 応用力

回数 10秒×数セット

対象レベル ビギナー〜トップ

Aにフォア前を指示 / A / B

Bにバック前を指示 / 3点カバー / 素振り

3点カバー / 素振り

Aにフォア奥を指示

やり方

コートに指示者1人と練習者2人（A、B）が入り、適宜ABは前衛、後衛のイメージでフットワークをする。指示者がAに対し、ネット前の1点を指示し、Aはその指示に従ってフットワーク。BはそのAの動きを見て、空いたスペース（3点）をカバーできるように体の向きを変える。10秒1セットとして、Aはコートから抜けて列の後ろにつき、BがA役を行う。

❓ なぜ必要？

コンビネーション強化

前衛のフットワークの精度とともに、パートナーの動きを見て動く後衛の意識も高める。ダブルスにおいては、飛んでくる羽根はもちろん、相手の動きや自分のパートナーの動きも同時に把握できなければならない。その練習にもなる。

❗ ポイント

後衛が空いているスペースをカバーする

前衛は後衛が見えないので、後衛は前衛の動きによって動くなど、声をかけて空いているスペースをなくすように努力しよう。

ダブルスのフットワーク

ダブルス専用のフットワークづくり③

ねらい

Menu 110 シャドーフットワーク

習得できる技能	▶ 基礎固め
	▷ オフェンス力
	▷ ディフェンス力
	▷ 応用力

回数 10秒×数セット
対象レベル

展開例

やり方

コートにダブルスのペアで入り、試合をイメージし、実際のラリー、フォーメーションを意識しながら動く。

 ポイント

自分の動きはパートナーによって決まる

パートナーとのバランスの取れた動きをまずはシャドーで覚える。うまくいかない場合は互いに声をかけ合いアシストしながら動いてみよう。

▶ バリエーション

4人入って行うときは、互いにゲームをイメージしながら動く。自分が打ったショットによって、相手ペアがどう動くか、相手からどんなショットが返球されてくるかなどをイメージして動いてみよう。

第5章
シングルス

シングルスは過酷な1対1の勝負だ。
それほど簡単にポイントが決まらないので粘り強さが必要になる。
攻撃力だけでなく、守備力の向上、体力を養う練習も大事。
パターン練習で長いラリーに耐える力をつけていこう。

戦術

シングルスの戦術を考える

ダブルスで目指した戦術をシングルスでは1人二役でこなす

1対1で打ち合うシングルスでは、よりよいプレーをするための必要な4要素「体力」「技術」「心」「戦術」の中でも「技術」「体力」の占める割合が大きくなる。また、「戦術」では、自分が攻撃し決めにいくよりも、相手より1本多く打ち続けることが勝利につながりやすいと言っていいだろう。

試合に勝つためのシングルス戦術の考え方と練習のステップ

ダブルスの2つの戦術（P107）をシングルスにも当てはめて、試合で勝つためには何が必要か、まずは考えてみよう。

シングルス戦術A
自分が攻撃し、
自分が決める
→決める・勝つ

プレー面での
目標
↓
ネット付近から
強打し、
相手コートに
羽根を落とす

シングルス戦術B
ネット付近で強打させない
ように返球し続ける
→決めさせない・負けない

プレー面での
目標
↓
相手より1本多く
返球する

佐々木翔選手

 ワンポイントアドバイス

シングルスでは「勝つ」より「負けない」

　ダブルスでは、バック（後衛）が上手に攻撃し、パートナーであるトップ（前衛）に羽根をまわし、それを相手コートにたたきつけて「勝つ」ラリーがどちらかというと多い。
　しかし、シングルスでは例えばバックとトップを自ら1人でこなさなければならない、また、ディフェンスも上手に返球すれば1球で攻撃局面に変えることができてしまう。
　以上のことを考慮すれば「勝つ」と思うより「負けない」と考え、ラリーを続け、「まずはシャトルを相手コートに返す」「返し続ける」といった技術、体力を養うべきである。

グラデーション練習

グラデーション練習でシングルス力を育てる

ねらい

『グラデーション練習』とは？

シングルスは個々の資質がより重要になる種目。特に正確なラケットワークと安定したフットワークが要求される。それらを育てるには時間がかかる。そうした要素を養っていくために有効なのが「グラデーション練習」になる。この練習では、動きを「小」→「大」、「遅い」→「速い」、「少ない」→「多い」、「単純」→「複雑」へと、段階を踏んで進めていくことができる。

アタックロブを練習する際のノックの発展例

グラデーション練習の例

STEP1 手投げノック
まず、コートの四隅のうち1カ所（この図では右前）に手投げでフィードする。

STEP2 フットワークノック
右前で打つ前に、左前・右奥・左奥のうちの1カ所でフットワーク＆素振りを入れてから移動する。

STEP3 ラケットノック
右前で打つ前にどこか1カ所で打ってから移動。最初の一本をおろそかにせず右前で返球するショットを念頭に打つ。

STEP4 場面・役割ノック
フィーダー以外に最大3人までのアシスタントをつけ、フィーダー側は練習者を対角線に動かしながらラリーを行う。

📢 指導のポイント！

指導者の観察力養成の場でもある

指導者にとっては、「できた／できない」「どこでつまずいたのか」を見つけやすいのもグラデーション練習の長所と言える。つまずきを見つけたら、前段階に戻って練習をやり直すといいだろう。いずれにせよ、指導者は「観察力」「洞察力」を養う練習にも力を注ぎたい。

つなぎ練習

つなぎ練習でグラデーションを取り入れる

ねらい

習得できる技能
▶ 基礎固め
▶ オフェンス力
▶ ディフェンス力
▶ 応用力

つなぎ練習とは「打つ場所」と「打つ球種」をフィーダーが徐々に変え、練習者にラリーを続けさせる練習。ノックで、決められた場所で決められた動きによって決められたショットが打てるようになったら、練習にラリーを取り入れるが、その発展段階ではつなぎ練習が有効。その際、いきなり自由にラリーを始めるのではなく、最初は「打つ場所」や「打つ球種」などに条件をつけて動きをシンプルにし、徐々にコースや球種を増やす。

これから紹介するMenu111〜113では、つなぎ練習の一例として「右奥からつなぐ」というテーマで練習を行い、さらにグラデーション練習を取り入れ、右奥からつなぎながらコート内での動きやショットを体で覚えていく。フィーダーの位置は練習の目的に合わせて変えることが必要。基本のつなぎ練習についてはMenu078〜080を参照。

Menu 111 1点・1球種のつなぎ練習

回数 10回×数セット
対象レベル ビギナー〜トップ

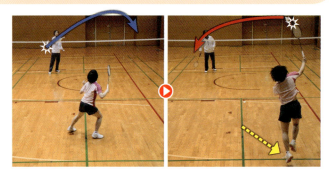

ポイント フットワークを正しく選択する

一定の球に対して適したフットワークを使って打つ。
指導者が練習者のフットワークを指定してもいいだろう。

なぜ必要？

ショットとフットワークを安定させる

右奥の場合は、右奥からのつなぎ方として、相手のネット前に落とすショットを習得する。『1点・1球種のつなぎ練習』では、ショットとフットワークの安定を目指す。

やり方

フィーダーは右前から、練習者の右奥1カ所に球を上げる。フィーダーは出す球の高さやタイミングなどを一定に保ち、練習者はフィーダーのところへドロップ（またはカット）で返球する。

練習者が左奥、右前、左前でそれぞれ行うパターンもやってみよう

つなぎ練習

ねらい 少しずつ複雑にしていく①

Menu 112　1点・多球種のつなぎ練習

回数	10回×数セット
対象レベル	ビギナー〜トップ

習得できる技能
- ▶ 基礎固め
- ▶ オフェンス力
- ▶ ディフェンス力
- ▶ 応用力

やり方　フィーダーは右前から、練習者の右後ろ1カ所に球を上げる。練習者の打つ場所は1カ所だが、<u>フィーダーは送るショットの速さや高さ、打ち方を変える</u>。ときにはフェイントをかけてもいい。練習者はフットワーク、ラケットワークを選択して打ち返す。

練習者が左奥、右前、左前でそれぞれ行うパターンもやってみよう

? なぜ必要？

さまざまな球種への対応力をつける

実戦では常に同じような球が来るとは限らない。さまざまな球種に対して、まず適切なステップ、フットワークを無意識で選択でき、正確なコントロールを生む多彩で柔軟性のあるラケットワークが求められる。

Point! フィードに合ったフットワークを選択する

📢 指導のポイント！

「全習法」と「分習法」を見極めて取り入れよう

グラデーション練習は段階を追うごとに難易度が上がっていくが、ビギナーを教えるにあたっては「できなくても最初から最後まで通して練習メニューを進めるか（全習法）」「段階ごとにその部分ができるまでやってから、次に進むか（分習法）」のどちらがより効果的か判断しなくてはならない。ビギナーは技術が追いつかず、「できる」段階にまでなかなか達することができないので、私の場合はできなくても最後まで一通り実施する。そのうえで別に時間を取って、できない部分を習得させるようにしている。練習環境（使えるコート数と部員数の割合、ビギナーと経験者が混在しているなど）や指導する選手によっても適した方法は違うので、見極めながら取り入れていくといいだろう。

つなぎ練習

ねらい 少しずつ複雑にしていく②

回数	10回×数セット
対象レベル	ビギナー〜トップ

習得できる技能
▶ 基礎固め
▶ オフェンス力
▶ ディフェンス力
▶ 応用力

Menu 113 多点・1球種のつなぎ練習

やり方 フィーダーは右前から、4点に球を送る。練習者の打つ球種は固定する。

展開例

Menu 114 多点・多球種のつなぎ練習

回数	10回×数セット
対象レベル	ビギナー〜トップ

やり方 フィーダーはコート四隅に変化のある球を出し続け、練習者は適切で安定したフットワークでフィーダーに返し続ける。アシスタントのフィーダーを他の隅に配置し、練習者はそこにも打ってかまわない。しかし、あくまでもまずは「返球率」を上げ、フットワークを気にしながら練習する。

？ なぜ必要？
安定したフットワークを得る

相手は常にコートの隅をねらい続け揺さぶってくる。まずは「ゆるく大きなフィード」でかまわないので、四隅をきっちり移動し、きれいで安定したフットワークを完成させよう。

！ ポイント
課題を見極める

4点にランダムに送られた球に対してそれぞれ適したフットワークを使って打つことが大切。うまく続けられない場合は、どこに課題があるのか見極め、『1点・1球種』『1点・多球種』の練習に戻って練習しよう。

Level UP!
「ゆるフリー」でラリーを続ける

ラリーが続くようになったら、つなぎ練習の仕上げとして「ゆるフリー」練習で、1対1で打ち合う。「ゆるフリー」では、力で決めにいくのではなく、ショットの打ち方やコースを考えながら相手とできるだけ長くラリーが続くようにリラックスして打ち合おう。

パターン練習

パターン練習でラリー力を鍛える

ねらい

習得できる技能
▶ 基礎固め
▶ オフェンス力
▶ ディフェンス力
▶ 応用力

代表的な動きとショットをパターン化し体で覚えよう

約束事を決めたパターン練習は、ラリー力と持久力をアップさせるのに役立つ。パターン練習の種類を徐々に増やしていき、実戦に近いラリー力を養っていこう。

Menu 115 基本形のスマッシュ交互

回数 **10回×数セット**
対象レベル ビギナー〜トップ

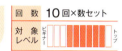

やり方

コート全面に1対1で入り、以下の順でショットを打つ。
① A ロングサービス
② B スマッシュ
③ A ネット（ショートレシーブ）
④ B ロブ
⑤ A スマッシュ
⑥ B ネット（ショートレシーブ）
⑦ A ロブ
このあと②に戻ってラリーを繰り返す。

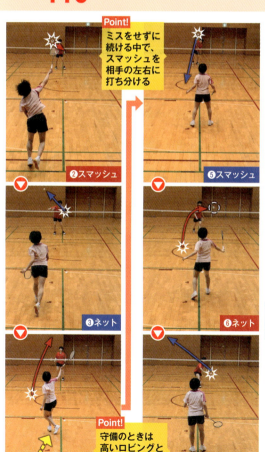

Point! ミスをせずに続ける中で、スマッシュを相手の左右に打ち分ける

❷スマッシュ / ❺スマッシュ
❸ネット / ❻ネット
❹ロブ / ❼ロブ

Point! 守備のときは高いロビングと低いロビングを使い分ける

？ なぜ必要？

打ちっぱなしにしない

スマッシュを打ったあと、ネットにダッシュするクセをつける。また、シングルスの場合は攻撃と守備が互いに繰り返されるので、1本のラリーの中で攻守の両方を交互に繰り返す感覚を身につけよう。

Menu 116 スマッシュ交互＋クリアー

回数	10回×数セット
対象レベル	ビギナー〜トップ

やり方

コート全面に1対1で入り、一方がロングサービスを打ったあとクリアーを1本ずつ打ち合い、その後お互いがスマッシュを打ったら次のロブの後に再びクリアーの打ち合いを入れる。

▶ラリーの順は❶Aロングサービス❷Bクリアー❸Aクリアー❹Bスマッシュ❺Aネット（ショートレシーブ）❻Bロブ❼Aスマッシュ❽Bネット（ショートレシーブ）❾ロブ。このあと❷に戻ってラリーを繰り返す。

ポイント 同じフォームで打つ

クリアーとスマッシュを同じフォームで打てるようにする。クリアーは特に打点が後ろになりがちだが、スマッシュと同じ打点で打つことが大切。また、打球後ホームポジションに戻ってから動き始めるクセをつける。クリアー、スマッシュの高さや左右を打ち分けることを心がけよう。

Menu 117 スマッシュ交互＋クリアー＋ヘアピン

回数	10回×数セット
対象レベル	ビギナー〜トップ

やり方

コート全面に1対1で入り、Menu116のネットの後にヘアピンの打ち合いを入れる。

▲ラリーの順は❶Aロングサービス❷Bクリアー❸Aクリアー❹Bスマッシュ❺Aネット（ショートレシーブ）❻Bヘアピン❼Aヘアピン❽Bロブ❾Aスマッシュ❿Bネット（ショートレシーブ）⓫Aロブ。このあと❷に戻ってラリーを繰り返す。

ポイント ヘアピンの対処

ここでは、スピンヘアピンの応酬をマスターしよう。ショートレシーブからのヘアピンは比較的打ちやすいが、スピンヘアピンをさらにスピンヘアピンで返球するのは難易度が高く、それをロブで返球するのはさらに難易度が高くなる。

Point! シャトルを切り上げるように打つとうまく上げることができる

スピンヘアピンをロブで返球

ワンポイントアドバイス

ミスの確認をしよう

パターン練習の一番のポイントは「ミスをしないで続けること」。時間を区切ってミスの数を数えたり、その理由を考えることも重要。どこでミスが多くなるかを見つけ出し、基本形に戻ったり、ミスの多いところだけ時間をかけてもいいだろう。また、ビギナーが長くラリーを続けるコツとして、声に出してラリーの数を数えるのも有効。何回続けられるかと集中し、頑張ることができるだろう。

Menu 118 基本のクリアーの打ち合いからの展開1

回数 10回×数セット
対象レベル ビギナー〜トップ

やり方
コート全面に1対1で入り、クリアーの打ち合いからAはクリアーとクロスカットを打つ。Bはネット、クリアーで返球する。

▶ラリーの順は❶ABクリアー（3本くらいずつ打ち合う）❷Aクロスカット❸Bネット（ヘアピン）❹Aクロスロブ❺Bクリアー。このあと❶に戻ってラリーを繰り返す。

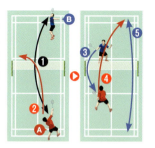

？なぜ必要？

展開を左右逆転させる

打ち合いの中で展開を左右逆転させたいときにクロスカットでコースチェンジをする。その際のパターンの練習。

❷クロスカット

Menu 119 基本のクリアーの打ち合いからの展開2

回数 10回×数セット
対象レベル ビギナー〜トップ

やり方
コート全面に1対1で入り、クリアーの打ち合いから両方の選手が交互にクリアーとクロスカットを打つ。

▶ラリーの順は❶ABクリアー（3本くらいずつ打ち合う）❷Aクロスカット❸Bネット（ヘアピン）❹Aクロスロブ❺Bクロスクリアー❻Aクリアー❼Bクロスカット❽Aネット（ヘアピン）❾Bクロスロブ❿Aクロスクリアー。このあと❶に戻ってラリーを繰り返す。

Point!
低いクロスロブに対しては跳びついて返球できるといいだろう

？なぜ必要？

形勢を変える

クロスロブで追い込まれたあと、クリアーをクロスに打つことができればラリーを振り出しに戻すことができる。追い込まれたあとの形勢を逆転するためのパターンの練習。

👆ワンポイントアドバイス

シングルスでは対角線に走りきる動きが必要

Menu 118 と 119 ではクロスカットを打ったあと、シャトルの飛んだ方向へ斜めに走る動き、ネット前から再び斜め後ろに下がる動きがある。この「対角線に走りきる」という動きはシングルスでとても重要になる。普通に走って間に合うのか、ステップを入れたほうがいいのかなどを考えながら行い、必要な動きをマスターしよう。

Menu 120 ドロップ・カットの返球1

回数 10回×数セット
対象レベル ビギナー〜トップ

やり方
コート全面で行う。練習者はコート中央に立ち、フィーダーは右奥からストレートとクロスへ交互にドロップ（カット）。ミスなく返球できるようになったら、ストレートとクロスをランダムに。練習者はストレートだけでなくクロスに返球してもいい。フィーダーも左右に動いてこれを返球するが、逆サイドにアシスタントフィーダーを置いてもいい。

ポイント
踏み込む足の位置
レシーブは相手の球によって対応を変えていく必要がある。短い球に対しては、できるだけ前でとり、サイドの球に対してはサイドに踏み込む足を出して体の横で対応する。重心移動を適切に行う。

短い球

サイドの球

Menu 121 ドロップ・カットの返球2

回数 10回×数セット
対象レベル ビギナー〜トップ

やり方
コート全面で行う。練習者はコート中央に立ち、フィーダーは右奥からストレートとクロスへ交互にドロップ（カット）。フィーダーは右奥と左奥を移動しながらサイド（左右）と距離（近い・遠い）を打ち分け、練習者はそれに対応する。練習者もクロスに返球してもOK。

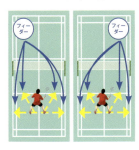

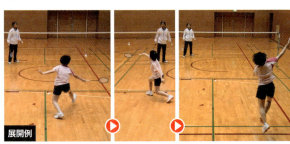

展開例

Level UP!
『ゆるフリー』でラリーを続ける
両サイドに来たドロップ・カットをミスなく返球できるようになったら、フィーダー、練習者ともにランダムにサイドと距離を打ち分けながらラリーを行い、より実戦のラリーに近づけていこう。スマッシュを入れて行ってもいい。

シングルスのエンディング練習

ねらい ネットをつかみ エンディングをむかえる①

Menu 122 オールショートからのたたき

| 回数 | 10回×数セット |

対象レベル：ビギナー〜トップ

習得できる技能：
▶ 基礎固め
▶ オフェンス力
▶ ディフェンス力
▶ 応用力

展開例／アタックロブ

やり方

半面や全面で行う。1対1でショートサービスからラリーを行い、サービス側がオールショート（写真は向こう側）。通常のオールショートの場合は続けることが第一目標なので甘い返球でもOKだが、この練習では相手とのラリーの中で**厳しいアタックロブやさまざまなネットショットを駆使して仕掛ける**ようにプレーし、甘い球が返ってきたらすかさずたたく。

？ なぜ必要？

「勝つ」を意識する

ネットを挟んで相手と打ち合う中でも、**自分から仕掛けていくことはシングルスでレベルアップするためには必要な技術**。駆け引きの経験が少ないビギナーでも「勝つ」＝「相手コートにシャトルを落とす」という戦術目標を意識しながらプレーすることが大切。

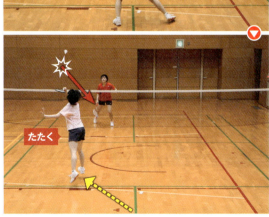

たたく

⚠ ポイント

積極的に仕掛ける

甘い球がきたら、積極的に仕掛けていく、またはたたきにいこう。**しっかりフットワークを使うことで、ネット前のショットの選択肢が広がる**。

シングルスのエンディング練習

ネットをつかみエンディングをむかえる②

Menu 123　1対2の攻撃練習

回数 10回×数セット
対象レベル ビギナー〜トップ

習得できる技能
▶ 基礎固め
▶ オフェンス力
▶ ディフェンス力
▶ 応用力

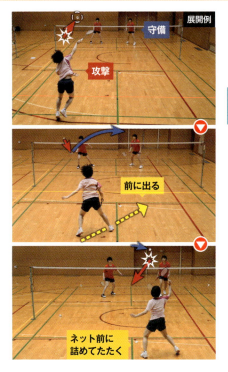

展開例　守備／攻撃／前に出る／ネット前に詰めてたたく

やり方

全面の2対1でラリーを行い、1が攻撃、2が守備。2側は1のショットをすべてネット前へと返球。1は積極的にネット前に詰めて甘い球をたたきにいく。

❓ なぜ必要？

打ったら前に出る意識を持つ

「打ったら前に出る」という動きを入れることで、「後ろで打ちっぱなし」という状態をなくすことがねらい。「打ったら前に出てネットをつかむ（主導権を握る）」までが一連の動きだということを意識することが大切。

📢 ポイント

チャンスを見逃さずに決める

ラリーの中でチャンスを見逃さないようにすることが大切。また、フットワークを適切に使ってネット付近での打点を上げ、ラリーを優位に運ぶように心がける。

📢 指導のポイント！

隠れたミスショットを見逃さない

ミスをせずに、相手をだまし続けることは難しい。「ミスをしない」と言葉で言うのは簡単だが、選手も指導者もよほど腰を据えて取り組まなければ身につかない。例えば、チャンスに限ってミスをする選手がいる。これはゴール間際になると、気の緩みや集中力を欠くなどの『ゴール脳』の状態に陥っていることも考えられる。指導者は選手のメンタル面を含めて鍛える必要がある。また、「相手を追い込んだつもりが追い込んでいなかった」「ショットの質が悪い」「球が甘い」なども「隠れたミスショット」だということを忘れてはいけない。戦術目標の「ネット付近からの強打」を常に意識してプレーさせるように、指導者は気を配りたいもの。

第6章
ゲーム

試合に臨むことを視野に入れると、
さらなる追い込んだ練習も必要になる。
また、指導者にとっては、
選手のゲームを観察・分析して次の試合に役立てることも大切だ。
その具体的な方策を考えよう。

追い込み練習

追い込み練習でレベルアップ①

ねらい 試合を想定したフィードへの対応

習得できる技能
▶ 基礎固め
▶ オフェンス力
▶ ディフェンス力
▶ 応用力

実際の試合に臨むためには、より追い込んだ練習が必要になる。ここでは、<u>弱点の補強と長いラリーに耐える体力を養うための練習方法</u>を紹介する。主にシングルスに有効な練習。ノックを利用すれば現実のラリー以上に追い込むことは可能だが、実際の「リズム」と「テンポ」を体得するためには、相手との打ち合いの中で練習を行うほうがいいだろう。

Menu 124　後方への追い込み

回数　10回×数セット
対象レベル　ビギナー〜トップ

やり方

練習者はコート前方でフィーダーとヘアピンの打ち合い（❶）から、フィーダーが打った左右後方へのアタッククロブ（❷）に反応する。後方へ素早く移動して対応、または跳びつき、後方のアシスタントフィーダーへ返球する（❸）。アシスタントフィーダーはストレートスマッシュを打ち（❹）、これを練習者がフィーダーにレシーブ（❺）。以降、また❶に戻って繰り返す。

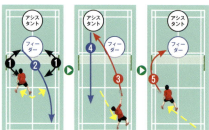

❓ なぜ必要？

後方に追い込まれたときの反撃

後方に追い込まれた場面からリカバリーするだけではなく、積極的に相手へ攻撃を仕掛けていくための練習。

❶ヘアピン

フットワークを使い分ける
❸クロスクリアー

ポイント 適切なフットワークを使い分ける

後方へ追い込まれた場面での、後方へのフットワークの選択が体勢を整えて攻撃を仕掛けるための大きなカギになる。適切なフットワークを使い分けられるようになろう。

▶例①継ぎ足
落下点までの距離調整のために使う。継ぎ足をしたあとはトントンかトトンのどちらでもよい

▶例②クロスビハインド
より後方に追い込まれたとき、足を後方でクロスさせて落下地点に足を踏み込む

▶例③跳びつき
低い攻撃的なロブに対して跳びついて空中でインターセプトするときに使う

フィーダーは練習者のレベルに応じて球出しの速さを調整する。追いつけなさそうでやっと追いつく球が「追い込む」球としてベスト

❶ヘアピン　❷アタックロブ

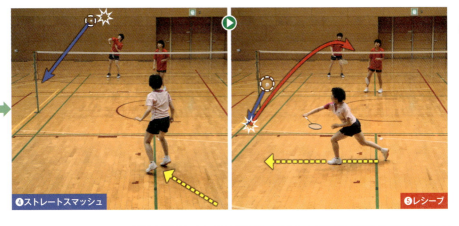

❹ストレートスマッシュ　❺レシーブ

追い込み練習

追い込み練習でレベルアップ②

Menu **125** 前方への追い込み

回数 **10回**

対象レベル：ビギナー〜トップ（中〜上級）

習得できる技能
▶ 基礎固め
▶ オフェンス力
▶ ディフェンス力
▶ 応用力

やり方

練習者はフィーダーにカットやドロップを打つ（❶）。フィーダーがネット前に返球したら（❷）練習者は素早く前にダッシュし、後方へロブを打つ（❸）。アシスタントフィーダーはクリアーでストレートに返球（❹）。練習者はフィーダーに返球（❺）して❶に戻る。これを繰り返す。

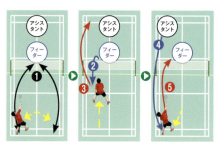

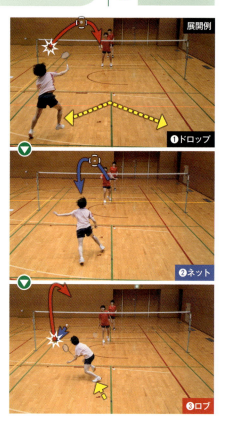

展開例
❶ドロップ
❷ネット
❸ロブ

？ なぜ必要？

前方に追い込まれたときの反撃

前に追い込まれたときに、それに速く反応し、逆に相手を後方に追い込むことがねらい。形勢逆転のための練習。

ポイント

ブレーキをきかせる

前に落とされたら、すかさずダッシュすること。また、ダッシュしたあと打つ前にブレーキをきかせて打つための体勢を整えることが大切。ブレーキングがうまくいかないと体勢を崩して転倒することもある。

着地するときに、つま先を上げ、足の踵から床に着くようにすると開脚した状態でも、上体が倒れない

OK

NG ヒザがつま先より出てしまうと、上体が倒れてしまう

追い込み練習

ねらい 追い込み練習でレベルアップ③

Menu 126 追加ノックでの追い込み

回数 **10回**

対象レベル ビギナー〜トップ

習得できる技能
- 基礎固め
- オフェンス力
- ディフェンス力
- 応用力

②オールアタックの展開例

やり方

練習者とアシスタントフィーダーは❶フリー、❷オールアタック（練習者はひたすらアタック。アシスタントフィーダーを2名にするとより負荷をかけることができる）、❸オールディフェンス（練習者はひたすら守備）などのパターンでラリーを続ける。この場合、アシスタントフィーダーはトップアンドバックの布陣になる。

フィーダーはラリーが途切れたらすかさず練習者側のコートにシャトルを打ち込む。このとき練習者を「追い込む」場所にシャトルを出すようにするのがポイント

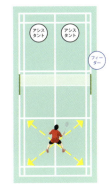

？ なぜ必要？

練習者に休息を与えず、長いラリーに耐える力を養うことが目的

ポイント

力をセーブせずにプレー！
長いラリーの中でも
攻める気持ちを持つ

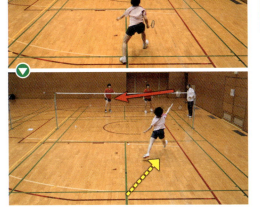

ハンディキャップ練習の活用

レベルや目的によってハンディキャップを活用する

ねらい

ハンディキャップの種類は❶球種❷範囲❸時間❹人数❺点数

部活動ではレベルの違う選手も多く、どの選手にとっても練習を有効にするには工夫が必要。さまざまなハンディキャップをつけることで、レベルの違う選手が一緒に練習することが可能になるので、活用してみよう。

❶球種のハンディ

<例1>
レベルの高い選手は「スマッシュなし」

レベルの高い選手はスマッシュを打てないというルールで打ち合う。
目的：長いラリーに耐えられる力を養う

<例2>
レベルの高い選手は「オーバーヘッドストロークなし」

レベルの高い選手はシャトルが落ちてくるのを待ってからアンダーハンドストロークで返球するルールで打ち合う。
目的：長いラリーに耐えられる力を養う

> アレンジとして、レベルの高い選手はその場で1回転してからアンダーハンドで返球するというルールで打ち合う

❷範囲のハンディ

レベルの高い選手の返球範囲を限定することで、レベルの高い選手の動く範囲を広く、また打球の精度を高める練習とする。

全面対サイド半面

全面対後方半面

全面対前方半面

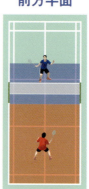

全面対対角斜め半面

❸時間のハンディ

<例>レベルが高い選手1人：低い選手3〜4人

レベルの低い選手は何人かで並んで待機し、ミスをしたら次の人と交代。レベルの高い選手と対戦することで、なるべくラリーを続けようと努めるのでレベルアップにつながる。

❹人数のハンディ

<例>レベルが高い選手1人：低い選手3〜4人

レベルの高い選手に対して厳しいシチュエーションを設定。レベルの高い選手にとっては、相手が3人のためディフェンスの場面が多くなり、長いラリーを耐え抜く力をつけられる。3対1または2対1で行うが、ビギナーはミスが多くなりがちなので、3対1のほうが練習としてはより効果的。

❺点数のハンディ

<例>レベルが高い選手0点、
　　低い選手が18点からスタート

最初からレベルの低いほうに得点を与えてゲームを行う。レベルの高い選手はリードされた場面を体験することができ、レベルの低い選手はスコアに余裕があるので、より積極的なプレーができる。

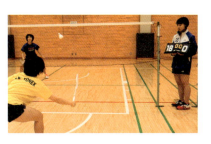

ビギナー同士におすすめはコレ

レベルに差がないビギナー同士で練習するときには、お互いに同じ範囲の中で打ち合うのがよい。まずは決められた範囲内にシャトルを返せるようになることを目標にしてみよう。

前だけ

後ろだけ

真ん中半分
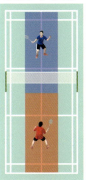

● **前だけ** 最近は女子のシングルスでもショートサービスが多くなってきているので、ネットまわりのシャトルの処理をマスターすることなどを目的として行う。

● **後ろだけ** エンドラインから見て互いにコート半分のスペースで行う。遠くに飛ばすことを目標とする。ダブルスで使う「長いドライブ」もこの距離を飛ばせると打てるようになる。

● **真ん中半分** コート中央でコート約半分のスペースをとって行う。端をねらうとサイドアウトのミスが増えるので、まずコート内にシャトルを入れることを目標にする。

ゲームの反省の生かし方

ゲーム分析を指導に取り入れる

データ分析による技術・戦術のチェック

実際の試合や練習試合といったゲームを行ったら、その際の課題を練習にフィードバックすることで、より効率のよい練習メニューを組むことができる。ここでは西武台千葉高校で実際に行っているゲーム分析のやり方について紹介する。

●データ分析

試合のビデオなどからミスの種類をチェックするためのシートを作成。ミスの種類（ネットに引っかけた、アウト、ノータッチなど）を分類し、ミスが多い場所、ミスをしやすい時間帯など（ゲームの序盤、中盤、終盤）を知ることにより、その選手の得手不得手、タイプがわかり、弱点補強の参考材料となる。選手本人の記憶に残っているエラーと実際に多かったエラーの数や場所などが異なる場合が多いので、その確認のためにも試合のデータ分析を取り入れることが大切だ。

Player	A子	2016.7.5～2016.7.9		B子	C子
Games	1	Total	ミス合計 63		
F	ミス小計 22	9	net	7	2
		7	out	5	2
	34.9%	4	error	3	1
		2	others	0	2
M	ミス小計 16	0	net	0	0
		5	out	4	1
	25.4%	8	error	4	4
		3	others	1	2
R	ミス小計 25	6	net	5	1
		8	out	5	3
	39.4%	3	error	3	0
		8	others	5	5

▲実際に西武台千葉高校で以前使用していたミスの分析シート。
F=（コートの）前、M=（コートの）中央、R=（コートの）後ろ
ミスの種類：net＝ネット、out＝アウト、error＝ノータッチ、others＝その他
数字の解説：コート前方でのミスが22本あり、それがミス全体の34.9%だったことを示す。ミスには「見えないミス」も含む。右の欄外では別の選手との比較も行っている。

●ビデオ撮影と視聴会

西武台千葉高校では選手個人が自分の練習しているところをビデオに撮ることを許可している。選手は自分の課題について撮影し、登下校時などにチェックするなどして弱点の克服に活用している。また、部としても試合や練習時に撮影し、選手とともに確認しながら「次はどこに打ったほうがいいか？」「相手は次、どこに打ってくると思うか？」など話しながら、自分で戦術を考える材料としている。

映像を途中で止めて解説や質問をするとよい

練習時に自分の課題部分をコート外からビデオに撮り、あとで見てどれくらい修正されているかなどを確認する

知識から体得へ

バドミントンに関する知識を上達に役立てる

バドミントンを考えることで練習をアシストする

コートでの技術を高めたり、戦術を理解したりするためには、コート上で練習するだけでなく、知識を蓄えることも大切。高校生の年代では、十分に頭で理解するということも可能だから、コート上の練習に加えて、指導者は積極的にバドミントンの知識を増やすような工夫をするといいだろう。また、チームとして共通の意識を持つためにも、基本の知識の共有は重要だ。

●バドミントンテストの活用

西武台千葉高校では、試合のない時期などに戦術や技術などを向上させるためのテストを行っている。もちろん正解することが目標だが、チーム内での情報や言葉の共有も重要視している。これにより、練習メニューの理解を深めたり、練習中のスムーズなコミュニケーションにつなげている。

西武台千葉高校「ダブルスペーパーテスト」の例
（ときにユーモアを交えた選択肢も含め、このような問題を100問作成する）

Q1　短い返球をしてしまったとき（ピンチのとき）、サイドは（？）ことが有効である。
（1）肩の力を抜く　（2）目線を下げる　（3）小さく構える　（4）足を広げる

Q2　バックが打つ「迷い」のショットはスマッシュばかりでなく、カットや（？）も活用する。
（1）ヘアピン　（2）サービス　（3）クリアー　（4）スマッシュ

Q3　トップは（？）ではない。
（1）たたき　（2）押し　（3）休み　（4）動き

Q4　意識しなくても自動的に運動しているとき、「（？）」と呼ぶ。
（1）無意識　（2）下意識　（3）無反応　（4）無関係

Q5　バックがサイドに振られた場合、簡単に（？）。
（1）パートナーに頼まない　（2）後方にドライブを打たない　（3）喜ばない　（4）ネットに逃げない

答え：Q1(4)、Q2(3)、Q3(3)、Q4(2)、Q5(4)

 ワンポイントアドバイス

練習で「体得」するために、「知識」がアシストしてくれる

バドミントンの動きや戦術などを知識として頭で理解し、それを体で表現する（体得）、そして体で無意識のうちに対応できるようになるには非常に時間がかかる。子どものころなら頭で理解するための「面倒な解説」は、体で表現する「足かせ」になってしまうかもしれない。

しかし、中高生くらいになれば「詳しい解説」が体得のよきアシストになることもある。特にダブルスでは、組織力を高める役割分担やルールをあらかじめ「知識」として覚えると、短い時間で体得につながるケースが見られる。

終章

練習計画と
メニューの組み方

チームとして、あるいは個人として練習メニューはどう組めばいいのか。
「年間」「月間」「1日」に分けたメニューの
組み方を紹介しよう。

練習計画の立て方と方向性

　長期にわたって計画的に選手の育成を考える場合は、その選手の資質やライフスタイル、所属するチームのマネジメント、国際情勢なども含めて大きな枠組みで研究を重ねながら逆算で計画を立て、目標へ近づいていく必要があると思います。一方で、毎日の課題に追われながら、その課題をこなすことで力を積み上げていった結果、選手が育成されていくという側面も現実には多くあります。

　これらの方向性はどちらがよい、悪いという問題ではないと思っています。いずれの場合でも、練習の計画を考える場合、重要視されるべき指針は同じだと私は考えています。その指針とは次のようなものになるでしょう。

1 技術、体力、戦術そして心の様子を詳細に『観察する』

2 その上で最も適切な練習課題とメニューを『考え出す』

3 その課題を克服するまで『付き合う』

「観察する」とは

　観察することは指導者にとっては当然大切なことになりますが、同様に選手自身にとっても重要な指針となります。自分で自分のプレーを『観察する』ことができれば、さまざまな課題を自身で克服するためのアイディアを生み出すことも可能になります。ただ、自分自身を客観的に見ることはなかなか難しいため、やはり指導者のアドバイスなどが必要になってきます。

　観察を通じて、動きや成功、エラーなどを注意深く見ることだけではなく、その中にある「判断のクセ」まで見ることができれば、さらによい練習計画を立てることにつながるでしょう。特に、まだ人格形成がされていない中高生では無意識に逃避的な判断を繰り返すことも多く、こうした選手の「判断のクセ」に気づき、正攻法で課題に取り組む経験を積むことはスポーツのみならず後の人格形成にもプラスに影響すると思います。これらの『観察』の上で、練習の計画に取りかかりましょう。

1 年間練習計画 year

　長期的な選手育成がなかなか難しい学校の部活動のような環境においても、「年間」の計画は立てることは難しくありません。このときに役立つのが『期分け』の考え方です。1年をいくつかの時期に分け、練習に変化をつけましょう。

☑ 目標を設定する

　まずは目標を設定します。例えば、「○○大会で優勝」や「ペアの完成」などでよいと思います。次に、その目標達成時期を確認します。そこにピークを合わせるため、逆算して期分けを行いましょう。

☑ 期分け

● 準備期・鍛錬期

　まず、全般的な体力増強と基本技術を習得する「準備期」を設定します。この時期はいわゆる「体力づくり」とノックやフットワークなどの「部品づくり」の時期と思っていいでしょう。

　その後の「鍛錬期」では、それらの部品の組み立てと実戦に即したよりバドミントンに合った体力の養成に励みます。例えば、ノックならば「場面ノック」や「役割ノック」そして「パターン練習」まで進み、特にダブルスでは戦術を意識した2対2の練習などが有効です。走る、跳ぶなどの準備期から、鍛錬期ではチャイナステップ、ジャパニーズステップ、ダブルス特有のステップなどを経て、フットワークなども行いますが、時間や回数を増やしたり、ウエイトジャケットなどを着用して負荷をかけて行うといいでしょう。

● 試合期

　「試合期」では文字通り試合を通じて強化、調整をしていきます。よりレベルの高い選手と試合をして強化したいと考えるのが一般的ですが、相手を探すことができないこともあり、そのような場合は「ハンディ」をつけるなどで工夫します。ビデオ撮影による課題分析などもこの時期に取り入れるといいでしょう。

　陸上競技や水泳などではこの時期の「コンディショニング」が結果に大きく影響を与えると聞きますが、バドミントンの場合はケガや体調面でのコンディショニング以上に、メンタルのコンディショニングが必要になってきます。身体的にはどこかしら痛いところは出てくるものですが、気力の充実した選手、チームを目指すことが大切です。

● 移行期

　目標とする大会が終了したあとは、休息と次への準備を兼ねた「移行期」となります。目標が1年で達成されるということはまれでしょうから、この期間の取り組みが次期へのステップになります。

年間計画の例（西武台千葉高校の場合）

月	週	学校行事	期分け		主な内容	大会等	部のイベント
4	第1週	新学期	移行期	鍛錬期	反省・部品の組み立て		お花見
	第2週						
	第3週		試合期		ゲームづくり		
	第4週					関東高校県予選	
5	第1週	模試	準備期	鍛錬期	確認	遠征合宿	
	第2週				部品とラリーの修正		パートナーズカップ（OB・OG会）
	第3週	定期考査	試合期		ゲームづくり	インターハイ地区予選	
	第4週						
6	第1週					関東高校	
	第2週	模試					
	第3週		移行期		反省・修正	インターハイ県予選	
	第4週		鍛錬期		ラリーづくり		
7	第1週					国体予選	
	第2週	定期考査					夏が来た（壮行会）
	第3週		試合期		ゲームづくり		
	第4週	夏季休業					
8	第1週						
	第2週		移行期		新チーム結成	インターハイ	
	第3週		鍛錬期	試合期	ラリーづくり・ゲームづくり	全日本ジュニア県予選	合宿
	第4週					全国私学高校	
9	第1週	模試	移行期		反省・修正	関東総合	
	第2週	輝陽祭	鍛錬期		部品づくり		輝陽祭（文化祭）
	第3週					全日本ジュニア	
	第4週						
10	第1週				部品の組み立て	国民体育大会	
	第2週				ラリーづくり		
	第3週	定期考査	試合期		ゲームづくり		アルファゾーンサイクリング
	第4週					新人地区大会	
11	第1週					日本ジュニアグランプリ	
	第2週	模試	移行期		修正		アルファアカデミー（講演会）
	第3週		鍛錬期		部品づくり		
	第4週					新人県大会	
12	第1週				ラリーづくり	全日本総合	
	第2週	定期考査					
	第3週		試合期		ゲームづくり	関東高校選抜大会	
	第4週	冬季休業					
1	第1週		移行期		目標設定		新春ランニング
	第2週	模試	鍛錬期		部品づくり		餅つき会
	第3週						
	第4週						
2	第1週		鍛錬期				
	第2週	修学旅行			ラリーづくり		
	第3週	模試					
	第4週						
3	第1週				ゲームづくり		春が来た（歓送迎会）
	第2週	定期考査					
	第3週		試合期			アルファカップ（練習試合）	
	第4週	春季休業				全国高校選抜 研修大会	

大会の最大目標は①インターハイ②全国高校選抜となる

2 月間練習計画 month

技術練習、戦術練習は2週間続けてみよう

年間を想定した計画を立てたあとは、次に2週間から1カ月程度の計画を考えます。私は「1メニュー2ウィーク制」で練習を考えています。つまり、1つの技術練習なり戦術訓練をある程度続ける。そうでないと変化がわかりにくいからです。そのターム2つくらいで、1カ月分の目標を達成する期間と考えればいいのではないでしょうか。

その際の目標としては①技術、②戦術、③体力、④気力（知力、感情など）の4分野に分けて設けます。年間よりも短いのでより具体的な達成目標を設定できますが、逆に期間が短くなればなるほど柔軟に考えなければ現実との折り合いが難しくなります。「予定はあくまで予定」と自覚し、チーム内でもそれを共有するべきでしょう。

3 1日の練習計画 day

1日の練習は三層構造にしよう

1回の練習時間はそれぞれの「期」によっても、選手のコンディションによっても、またチームや学校の事情によっても変わってきます。しかし、そういった状況の中でも「ウォーミングアップ」「技術・戦術練習」「クールダウン」の三層構造は常に取り入れておくべきものだと思います。

それら3つの割合は、年間の期分けや季節などによっても変化します。例えば冬場はウォーミングアップの時間が長く、春先以降は短くなりますが、その分プライオメトリックストレーニング（ジャンプトレーニングなど瞬発力を高める動きを取り入れたトレーニング）を組み込み、トータルでは同じ程度の時間を羽根打ち以外に費やします。また、試合が近づけばウォーミングアップは個別に行い、それぞれの選手が自身の試合をイメージしながら総合練習に臨みます。

☑ 期分けによって練習内容を変化させる

技術練習に関しては、試合から時期が遠ければクローズドスキル的な練習（ノック、フットワークなど）が多く、試合に近くなるほどオープンスキル的な練習（パターン練習、ゲームなど）が多くなります。ただし、どの時期においてもクローズドスキル的な練習のみ、オープンスキル的な練習のみにするのではなく、クローズドスキルのあとにオープンスキルの練習を行い実戦で試してみる、またはオープンスキルの練習のあとに見つかった課題をクローズドスキルの練習であらためて見直すなど、両方を行う必要があるでしょう。

クローズドスキル
- 変化が少ない。安定して予測が可能な環境で行う練習。一般的に「基礎練習」なるもの
- 外的要因に左右されにくい

オープンスキル
- 絶えず変化する。不安定で予測が不可能な環境で行う練習。「応用」または「総合練習」
- 外的要因に左右される

[ウォーミングアップ]

≫ウォーミングアップの取り入れ方

ウォーミングアップは多種多様であり、条件によって複雑に変化します。例えば時期や季節、試合前の場合はダブルスをプレーするのかシングルスをプレーするのかチーム戦なのかによっても変わってきますし、男子か女子か、大人か子どもかによってもどのようなウォーミングアップをするべきかは変わってきます。状況によって種類や時間を変えるといいでしょう。いずれにしてもウォーミングアップは練習の一部だとも言えます。ウォーミングアップの中で学ぶべきものや習得すべき技術もあるのではないでしょうか。

ウォーミングアップの指導現場では、私は「血流の促進」と「心のバランス」を2本柱として考えています。この2つは実は同じ目的、同じ道筋だと言ってもいいでしょう。試合前の緊張や恐怖心で自律神経がアンバランスになり、呼吸が浅くなると、血流が促進されず、動きや判断に遅れや鈍さが生じます。このような状況になることを防ぐために、ウォーミングアップに取り組みます。では、実際に行う際に心かけていることをあげていきましょう。

≫心拍数を徐々に上げ、心臓や肺の動きを活発にする

平常時の心拍数からジョギング程度の有酸素運動の局面、そして短い時間でいいので息が切れるくらいまで心拍数を上げていきます。このときに「小さく、ゆっくり、少なく、弱く」から「大きく、速く、多く、強く」に移っていくようにします。

≫バドミントンのイメージを頭に描きながら行う

単に息をあげたり汗をかいたりすることだけでなく、動きやフットワークの「部品づくり」から「組み立て」そして「対人」へと、ウォーミングアップの中でバドミントンの動きや対戦中のメンタルの動きを再現させていきます。

≫声を出す

モチベーションを上げ、士気を高め恐怖心をなくすためには「声」を出すことが大切です。特に集団で「声をかけ合う」作業は、それだけで能率やスピードが上がるものです。さらに声を出すことは大きく息を吐くことにつながるので、必然的に呼吸が深くなり、自律神経のバランスを保つことにつながるという効果もあるでしょう。

4 練習メニュー作成の心得

☑ 課題に対して、どのように練習計画を立てるか

　練習の内容、いわゆる練習メニューはどのように決めるのでしょうか。前述したように、「よく観察する」ことから練習計画づくりが始まりますが、観察してすぐに「○○をしなさい」と指示するのは現実的には難しいでしょう。まずは周囲の人たち、別の指導者や外部コーチ、保護者などと話しながら効果的なものを見つけていくべきだと思いますが、もっともスムーズなのは選手からのヒアリングです。選手はどんな練習をしたいのか、どんなことに困っているのか直接または間接でもいいので知ることが大切です。

　ただし、選手自身も「よくわかっていない」ことが多いのも事実です。自分の意識に残っている課題がすべてのように思い込んでしまいがちですが、外から見ると、別な問題のほうが大きいこともよくあります。これらのことも含め、選手と指導者の間で課題をすり合わせておくことも必要でしょう。

☑ 計画にこだわりすぎず、より現実的にメニューを組む

　「練習の計画を立てる」という現実の場面では、これまで私が述べてきた計画がそのまま通用するということは実はほとんどありません。それは年間の大会が複数あり、ピークをひとつに決めにくい、また学校の部活動であれば活動の内容は学校行事や試験などといった状況に左右されやすいからです。

　そのため、部活動ならではの柔軟性も必要になってきます。その中で、どのように練習を組み、どういったことにこだわるのか。自分自身の経験をもとに、右ページのような練習への取り組みを行っています。

☑ 選手も指導者も変化に慣れる

指導者は選手に向き合い、選手も指導者の計画に受け身にならないように、互いのコンセンサス（合意）を築き上げていきましょう。

年間の「期分け」は、ピークが多いので現実には細かな周期を数回繰り返すようなイメージでしょう。つまり長い鍛錬期もあれば、短い試合期もあり、数日のみの移行期になる場合もあります。それに応じて練習内容や目的が変わることに指導者も選手も慣れる必要があります。

☑ 目標、目的には徹底的にこだわる

目標を共有できない、目的を忘れて練習をやっている状況は効率を下げるばかりです。練習の目的を達成するまで選手と指導者が互いに辛抱することが大切です。ベテランの指導者になるほど、目標や目的の共有がうまいように感じます。「できるまで徹底的にこだわる」姿勢は指導者、選手ともに求められる資質のひとつではないでしょうか。

☑ 成長の階段は、らせん状

1年生ではこれをマスターして、2年生ではこれ、3年生になったらこんなことができるようにしたい――。そんなふうに思うのは指導者の親心とも言えますが、学校の部活動では現実として1年間で計画を立てますから、実際は同じようなことが毎年繰り返されるわけです。らせん階段のようにぐるぐる同じところを回っているイメージです。そういったメニューでも、選手は十分に力をつけることができるということを指導者は理解していなくてはいけません。同じ技術を比べても、「まったくできない」状況だった1年生が、2年生では「少しできる」ようになり、3年生では「試合で使えるくらいにできる」ように、学年によってレベルが上がっているのが見て取れるはずですし、選手自身も自らの成長を自覚できます。

学校の中では唯一部活動がクラスや学年の垣根を超えて年齢の違う子どもが一緒に活動できる場でもあります。そうした人間関係を築く場が作れることもスポーツの醍醐味だと思います。

思いついた『企画練習』はやってみる

「こういう練習はいいんじゃないか」とひらめいた練習を私は『企画練習』と呼んでいます。こういった『企画練習』はどんどんやったほうがいいでしょう。私自身もかなりの数の『企画練習』を行いました。そのほとんどが「ボツ」あるいは選手の反応もいまひとつで企画倒れに終わっていますが、この失敗こそ柔軟で適応力のあるメニューづくりにつながる必要な経験だったと思います。

「これだけやれば成功する」という魔法は、バドミントンの世界にもないようです。必要なのは『トライ&エラー』。それによって成長していくのではないでしょうか。選手も指導者も。

5 練習メニュー組み方の例

ここでは実践例として西武台千葉高校バドミントン部の
ある日の練習メニューを4パターン紹介します。

● 実践例1　鍛錬期／4月第1週 入学式後のある日

入部したての新人選手が多くいる一方で、上級生（レギュラー）選手は「春の大会シーズン」が近づいています。練習メニューはこれに配慮して「2部構成」にしたいのですが、「チームづくり」の観点から、全体で練習構成を一通り体験する日も必要です。そこで練習に必要な「ことば」の統一や意味の学習も行うといいと思います。レギュラー選手はおおむねゲームができる直前の応用練習を行います。応用練習の際は、新人選手は見学させることにとどめてもいいでしょう。

練習時間：3～6時間

＊平日の放課後は約3時間、休日の1日練習は約6時間で設定

挨拶・ミーティング（練習内容の告知と説明）			5分程度
ウォーミングアップ	体操		10～30分
トレーニング	プライオメトリックストレーニング（ジャンプトレーニング）	選択	＊全体練習の時間やそのときの課題などによってそれぞれMenuと時間を設定
ステップ	Menu034～Menu039　Menu028～Menu033	全部	
部分フットワーク	Menu044～Menu057	全部	
フットワーク	Menu058～Menu062	選択	
ノック	Menu064～Menu073	選択	
つなぎ練習	Menu078～Menu080	選択	
ダブルス練習	Menu092～Menu099	選択	
シングルス練習	Menu111～Menu113	選択	
クールダウン	ランニング・体操		5分程度
評価・講評・挨拶			5分程度

● 実践例2　試合期／7月中旬 大会前のある日

夏の大きな大会に向けた「試合期」です。練習はより負荷が高まり、個別化していきます。コンディションを考慮しながら追い込み、プレーの精度を上げ、チーム内での「士気の高揚」も図ります。ダブルス、シングルスの練習では選手を選別しコートを分けて並行で進行してもかまいません。

練習時間：3～6時間

＊平日の放課後は約3時間、休日の1日練習は約6時間で設定

挨拶・ミーティング（練習内容の告知と説明）			5分程度
ウォーミングアップ	個々に15分程度		10～30分
基本打ち	各ストロークを確認しながら全体で15～30分程度		＊全体練習の時間やそのときの課題などによってそれぞれMenuと時間を設定
つなぎ練習	Menu078～Menu080	選択	
ダブルス練習(イントロ練習)	Menu100～Menu103	選択	
ダブルス練習(ラリー組立からゲーム練習へ)	Menu097～Menu099　Menu104～Menu107　ゲーム練習	選択	
シングルス練習(パターンからゲーム練習へ)	Menu114～Menu123　ゲーム練習	選択	
追い込み練習	Menu124～Menu126	選択	
補強ドリル(ゲームの反省を活かして)	Menu064～Menu077　Menu081～Menu091	選択	
クールダウン	ランニング・体操		5分程度
評価・講評・挨拶			5分程度

● 表の見方

各練習の時間は、全体の練習時間の中で調整していくが、時期を鑑みると地色が濃いメニューのボリュームを多めに組みたい。全部／選択とあるのは、その前に記したMenuナンバーを全部行うか、いずれかを選択するかを表している。

● MEMO

選手の体力や時期によっても変わってくるが、レスト（休憩）は1時間につき10分程度が目安。つまり、50分の練習をやったら、その後10分程度休むというくらいがちょうどいい。全体で休憩をとるように指示してもいいが、練習内容やコート分けなどによって同時に休憩がとれないこともある。そういった場合でも個々に休憩をとるように配慮して水分補給などをするようにしよう。

● 実践例3　移行期／8月中旬　夏休み中のある日

夏休みを利用した「新チームメニュー」です。練習時間が豊富に使えますから「一つの課題を徹底的に行う」か「多くの課題を経験する」か、練習を分けて行うといいでしょう。かなり暑いので、「動く」練習より「打つ」練習を長くしたほうがよいかもしれません。また、ペアの交代があり、新しいリーダーの下での練習でもあるので、スムーズに行うまで時間が必要です。ビギナーの中でも進むスピードに差が生まれ始めます。まだ不安定な選手は初歩に戻り（上級者とビギナーなどを分けた2部展開もやむをえません）、ゆっくり丁寧に説明を加えて進めるといいでしょう。

練習時間：5〜8時間

＊夏休み中のため比較的長い練習時間を設定

挨拶・ミーティング（練習内容の告知と説明）			5分程度
ウォーミングアップ	体操		10〜30分
ステップ	Menu034〜Menu039　Menu028〜Menu033	選択	＊全体練習の時間やそのときの課題などによってそれぞれMenuと時間を設定
フットワーク	Menu058〜Menu062	選択	
ノック①	Menu022〜Menu027 ビギナーはMenu001〜Menu021の中から選択	選択	
ノック②	Menu064〜Menu077	選択	
ダブルス練習	Menu081〜Menu099	選択	
シングルス練習	Menu111〜Menu123	選択	
クールダウン	体操		5分程度
評価・講評・挨拶			5分程度

● 実践例4　鍛錬期／1月中旬　寒い日

寒い日が続き、大会もなく単調な練習になりがちで、選手の意欲も低下しがち。こんなときこそ「ケガ予防」もかねて「体力づくり」に専念するのもいいと思います。一般的な体力づくり（例えば走るだけ、筋トレだけ）よりもバドミントンの動きの中での体力増強のほうが集中するかもしれません。男女でのメニューの違いや本数、時間の差を工夫するようにしましょう。

練習時間：3〜6時間

＊平日の放課後は約3時間、休日の1日練習は約6時間で設定

挨拶・ミーティング（練習内容の告知と説明）			5分程度
ウォーミングアップ	体操・ランニング5〜15分 ダイナミックストレッチ		10〜30分
トレーニング①	ダッシュ・プライオメトリックストレーニング		
ステップ	Menu034〜Menu039　Menu028〜Menu033 Menu040〜Menu043	全部	＊全体練習の時間やそのときの課題などによってそれぞれMenuと時間を設定
部分フットワーク	Menu044〜Menu057	全部	
フットワーク	Menu058〜Menu062	選択	
ノック	Menu064〜Menu077	選択	
ダブルス（部品づくり）	Menu081〜Menu099	選択	
シングルス練習（パターン）	Menu114〜Menu123	選択	
追い込み練習	Menu124〜Menu126	選択	
トレーニング②	ダッシュ・筋トレ	選択	
クールダウン	マッサージ・体操		5分程度
評価・講評・挨拶			5分程度

選手を育てる部活での工夫

　計画通りに進めたいと考えるのはだれしも同じですが、肝心なのは普段の練習をどう積み重ねられるか。普段、どれだけ指導者と選手がコミュニケーションし、さまざまなチャレンジやトライをしているか（どれだけ失敗や負けを味わうか）、どれだけ「しつこく」関わり続けられるか。そこで、私たちが普段、日常の中で取り組んでいるいくつかの工夫を紹介します。

● 目標、目的の『共有』

　みんなの目のつくところに「部訓」なるものを掲げます。これは学校における「校訓」や会社における「社訓」のようなものですが、選手も指導者も迷ったり不安になったりしたとき、チラッと目に入るだけでヒントになる場合があります。

　また、カウントダウンカレンダーのようなものを作ることで、士気を高めたり、計画の確認ができたりする場合もあります。

▲西武台千葉高校では部訓を体育館の壁に掲げている

> **羽毛球（バドミントン）をやろう！**
> 西武台千葉中学校・高等学校バドミントン部
> 部訓より抜粋
>
> 一　バランスに強化を添える食事こそ一心不乱の基をつくる
> 好き嫌い、間食をひかえ、植物性の蛋白質を多めにし、
> バランスのとれた食事を心がけること
> 体調・体重の自己管理を徹底すべし
> 食事で集中力とその持続性を高めること
>
> 一　逆境を越える工夫と努力こそいざ之力をつけるなり
> 膝、肩、腰は羽毛球の命なり　いざはふだん大事に鍛えぬくべし
> けが、病気を治すも訓練なり　成功は逆境の日にはじまる
> けが、病気で沈む心は、まさに病なり

● 合宿の活用

　西武台千葉高校では年に1度だけ合宿を行っています。時期的には、インターハイ終了後。新チーム初の大イベントになります。目的は新チームのメンバーが寝食を共にしながらのチームづくりです。当然、新キャプテンはリーダーシップを試され、精神的にいっぱいいっぱいになりますが、歴代のキャプテンがそうした経験をつづったノートを参考にしながら乗り越えます。

　1回の合宿で急に強くなることはありませんが、イベントを通じての仲間づくりやコミュニケーションの輪が広がるという効果は見逃せません。

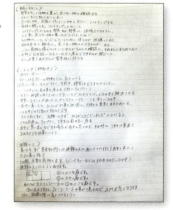
▶歴代キャプテンのノートには役立つ内容がぎっしり

指導者のための「日常の心がけ」

バドミントンを「する」と「教える」は少し色合いが異なります。バドミントンが強いからすぐに「教えられる」とは限りません。しかし、バドミントン経験者ならレベルアップのコツについて"似たカギ"を持っています。少しの工夫と努力で、よい指導者になることでしょう。一方、「バドミントンはやったことがない」という方、大丈夫です。「教える」とはコミュニケーションです。会話ができればチャンスは広がります。

初心忘るべからず

『初心忘れるべからず』という言葉は「始めたころの気持ちを忘れるな」というときに使う言葉かもしれませんが、自らの『芸の未熟さ』『みっともなさ』を常に持ち続ける、つまりその道を究める間中ずっとつきまとう『新鮮な未熟さ』を忘れるな、ということだとも言われています。そう考えると私たちがバドミントンをやっている以上は常に『初心者』であるとも言えるのではないでしょうか。

また、さまざまなケースや問題に直面する「初心者指導」は、われわれ指導者にとっても、常に『初心』を経験させてくれる大切な研鑽の場でもあると感じています。

大切な3つの心がけ

初心者またはもう一度やり直そうと考えている選手を指導するとき私は次の点に気をつけます。

ひとつ目は、「落ち込まない」ことです。初心者が上達し、ある程度の熟達の域に達するまでは長い時間が必要です。その間には選手も指導者も「伝えられない」もどかしさや負けることや苦い経験を何度となくせざるを得ません。だからこそ選手も指導者も落ち込まないで挑み続けなければならないのでしょう。ことに幼い初心者にとって、自分を負かした相手は『悪』になることさえあります。本来なら仲よくできる相手とも気まずい関係になり、時には指導者も一緒になって劣等感を倍増する危険性があります。スポーツを習得する上では劣等感ばかりだと息が切れて、当然子どもも苦しくなるでしょう。負けて向上心を抱くことは必要ですが、劣等感を抱くということには注意が必要です。

二つ目は、年齢が低くなるほど、なるべく「集団」で学ぶ環境を設定したいと思っています。『チーム』とは学びの効率を上げる集団です。初心者は練習現場でおそらく相当混乱したり、処理できない問題を抱え込むでしょう。そのときはまず不安や恐怖を取り除く工夫をしますが、「みんなでやる」ことで緩和できるのではないかと思っています。年齢が上がっていき、ある程度の段階(もう『初心者』とは呼ばれないようなころ)まできたら逆にマンツーマン、あるいは多くの指導者に囲まれる環境が望ましいかもしれません。

三つ目は、難しい言葉を使って頭で理解させようとするのではなく、イメージが膨らむような言葉を使うことです。誤解を招かないように説明しますが、スポーツや芸術やいわゆる職人の世界など技能を修得する現場においては、すべてを理路整然とした言葉にして伝えるのは難しいと思います。特に体の動きに関しては脳によって自動化される場合がほとんどで、逆に言葉で「考えながら」動かすととたんにぎこちなくなってしまいます。そのようなときにはいわゆる『わざ言葉』のような、互いが、あるいはチーム内では明確に通じてイメージを共有できる言葉を駆使します。例えば「そこは『ポヨヨンドロップ』でいいんだよ!」などです。一番イメージが伝わる言い回しを考えたり、声や身振り手振りを工夫して伝える努力をするようにしています。年齢が低くなるほど「言葉の壁」が厚くなり、選手との距離が遠ざかるという状況も経験しました。だからこそ、ただ単に、「話せばわかる」というおごりを持たないように気をつけています。

～指導の現場から～
選手が直面する試合での壁

バドミントンは「一本」の精度を競うスポーツではなく相手と駆け引きをしながら打ち合うスポーツ

　地区大会であれ、県大会であれ自分の名前がプログラムに載っている大会に初めて出場するときは、普通の気持ちではいられないでしょう。それなりにトレーニングを積んで、準備をしてコートに立ったとしても、ほとんどの選手は「あれだけやったのに」「まだまだだなあ」と反省の種を植え付けられる結果になります。そんなとき、酷だとは思うのですが、私はしばしば「なんで負けたの？」と選手に問います。するとたいていの選手は「自分から勝手にミスをしてしまった」と答えます。続いて「なぜ勝手にミスをしたの？」と問いますが、これには納得いくような答えを聞くことはできません。

　対戦を見ながら推測すると、ねらいすぎて起こるミスのように感じます。「できるだけライン際に」「できるだけ角度をつけて」そして「できるだけ速いショットを」というねらいです。これは「欲」と言ってもいいでしょう。気持ちはわかりますが、この欲が強すぎると、極端に言えばコート四隅のライン、ネットの白帯のみが、自分が打っていいコースと見立ててしまいかねません。当然、力んだショットの精度は低下し、ミスショットを連発することになります。そして力みや緊張感は「恐怖」に変わってしまいます。

　ここで忘れてはならないのが、バドミントンは相手と打ち合うスポーツということです。ビギナーはよくも悪くも「この一本」に全力を傾けてしまいがちですが、バドミントンの試合は相手との打ち合いがあって成り立つのです。「この一本」に全力を傾けがちな気持ちの中には「早くポイントを決めたい」「この緊張した状況にすぐにでもピリオドを打ちたい」という焦りももちろんあるのですが、それこそがミスにつながる原因でしょう。

　対人ゲームではよく「三手先を読む」と言いますが、自分の「一手」で相手の「二手」を限定させ、より強力な「三手」につなげるという感覚、相手がいることを常に頭に入れて打ち合うことが、ミスを防ぎ、さらにはバドミントンというスポーツを理解することにつながるような気がします。ビギナーのみなさんには、狭いエリア、ピンポイントをねらう独りよがりのプレーをするのではなく、まずは相手に返すことを大切に、互いに駆け引きを楽しむ感覚を忘れないで試合に臨んでほしいと思います。

考えずに、「頭のいい」プレーをするには？
脳を無意識に制御するために練習する

「頭がいいね、あの選手は……」
　試合を観戦しながら、こうした選手の「頭のよさ」を称賛するような言葉を耳にすることがあります。もちろん、この頭のよさは勉強ができるということを意味するのではなさそうです。運動を司る脳と勉強などで知識を身につける脳は異なるということをよく聞きますが、ここで話に出る「頭のよさ」とは前者のことでしょう。

　運動は特に脳の中の、大脳と小脳で自動的に制御されていると言われます。日常の動作「歩く」ということを例に挙げるなら、歩くことは無意識に動作が行われ、「右手を出すと同時に左足を出して…」など詳細まで考えて行おうとすると途端に動きはぎこちなくなってしまいます。練習とは、無意識に制御できるような脳の記憶作りにほかなりません。繰り返すことやさまざまな試行錯誤の結果、運動の記憶が形成され自動化していきます。

　こうした運動を制御するときの脳の状態を「ろうそくの炎」に例えると、うまくいっているときは微動だにしない炎が、不調のときは揺れ動き、コントロール不能になります。この「揺らぎ」の原因はなんでしょうか。ひとつは、前述した「考える」という横風です。「ネットにかけるなよ」と言った途端に、シャトルをネットにかけてしまうのは、これが原因かもしれません。「考える」には脳の外側にある大脳新皮質がかかわり、運動を司る脳になんらかの影響を与えるのでしょう。

　そして、もうひとつの原因が、「感情」にあります。感情における「恐怖」の突風は激しいものです。強敵との対戦で相手が何もすることなく、勝手にミスをする状況には、この感情が影響していると思わざるを得ません。恐怖心だけでなく、「大丈夫だろう」というおごりが生じたり、ゴールを意識した瞬間にも脳の炎が揺れることになります。

　では、こうした揺らぎを制御するためにはどうしたらいいのでしょうか。選手の話を聞いたり、さまざまな本を読んだりすると『無心』や『不動心』という境地が求められるのですが、これが難しいところです。「無心になるのだぞ」という指導者に対して、一生懸命に無心になろうと考えているうちにゲームが終わってしまう——そんな光景もよく見られるものです。

CONCLUSION

おわりに

鳥のようにシャトルコックがコートの上を飛び交う。
狙いを定めジャンプする。
ラケットがしなり、その瞬間
汗が飛び散り銃声のような音が響く。
ラケットから繰り出されたスマッシュは、
次の瞬間相手コートに突き刺さる。
決まった！
いや、決まらない。
サイドラインに飛び込んだ相手のラケットは、
その先端でシャトルを捕まえた。
シャトルはネットギリギリに生き返って戻ってきた。
いまだ！
ネットに攻め入り、はらりとシャトルを転がす。
くるくると転がるシャトルの動きが
収まるのを待って、
相手はラケットを下から大きく振り上げた。
高々と上がったシャトルは、
太陽のようなライトに吸いこまれる……。
これぞ、バドミントンの醍醐味。

　動きの激しさ、ラケットがシャトルをたたきつける音、コートとシューズが奏でるリズム、そしてなによりシャトルコックの持つ独特のフライトに魅了され、私たちはこのスポーツにとりつかれていきます。そして、やがて選手として精進し練習に励んでいくことでしょう。

　しかし、イメージと自分のプレーの差はなかなか埋まらず、苦悩と葛藤の日々が始まります。そんなときにこの本のページをめくってほしいと思います。

コート上では、汗まみれの選手が
ネットの上から手を握り合い、肩を抱き合っている。
観衆は感動と歓喜で高揚し拍手を送る。

　バドミントンは苦しむためにだけするのではありません。できないことができるようになり、新しい自分に出会い、多くの仲間と大切な空間を共有する、「幸せ」なひとときを与えてくれるのがバドミントンです。
　希望にあふれたビギナー、もう一度やり直したいと願うプレーヤー、さらに「寄り添う」立場でバドミントンを学ぶ指導者のみなさんにこの本を届けたいと思います。
　そしてこの本の1ページ1ページが、カラカラに乾いた身も心も潤す「バドミントンウォーター」になることを心から願っています。

バドミントンTry & Try Again!

髙瀬秀雄

著者
髙瀬秀雄 たかせ・ひでお

1961年生まれ。中学、高校でバドミントンを経験。西武台千葉高等学校赴任後バドミントン部顧問となり、現在に至る。高校女子はインターハイ（学校対抗）に18回出場、全国選抜（学校対抗）に14回出場。同部男子、併設の中学校からも数多くの選手を全国レベルに育てた。初心者指導の経験も豊富。また、地元（千葉県野田市）のNPO法人「アルファバドミントンネットワーク」でもジュニア選手を指導している。教科は英語科、社会科。

撮影協力　西武台千葉中学校・高等学校バドミントン部

デザイン/有限会社ライトハウス
　　　　　黄川田洋志、井上菜奈美、藤本麻衣
写　　真/菅原淳、福地和男
写真提供/バドミントン・マガジン
編　　集/田辺由紀子、
　　　　　三上慎之介（ライトハウス）

身になる練習法
バドミントン　上達システム

2016年8月15日　第1版第1刷発行
2020年2月20日　第1版第4刷発行

著　者/髙瀬秀雄

発 行 人/池田哲雄
発 行 所/株式会社ベースボール・マガジン社
　　　　　〒103-8482
　　　　　東京都中央区日本橋浜町2-61-9 TIE浜町ビル
　　　　　電話 03-5643-3930（販売部）
　　　　　　　 03-5643-3885（出版部）
　　　　　振替 00180-6-46620
　　　　　http://www.bbm-japan.com/
印刷・製本/広研印刷株式会社

©Hideo Takase 2016
Printed in Japan
ISBN 978-4-583-11040-0　C2075

＊定価はカバーに表示してあります。
＊本書の文章、写真、図版の無断転載を禁じます。
＊本書を無断で複製する行為（コピー、スキャン、デジタルデータ化など）は、私的使用のための複製など著作権法上の限られた例外を除き、禁じられています。業務上使用する目的で上記行為を行うことは、使用範囲が内部に限られる場合であっても私的使用には該当せず、違法です。また、私的使用に該当する場合であっても、代行業者等の第三者に依頼して上記行為を行うことは違法となります。
＊落丁・乱丁が万一ございましたら、お取り替えいたします。